K. dosszié

Kertész Imre

K君的档案

[匈]凯尔泰斯·伊姆雷 著

杨永前 译

贵州出版集团
贵州人民出版社

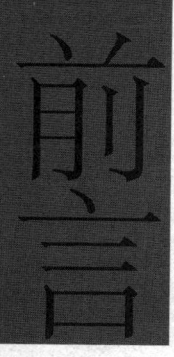

2003年和2004年，我的朋友兼编辑哈夫纳·佐尔坦对我进行了一个所谓的"深度采访"，我们的谈话录满了十多盘录音带。我在瑞士小城格施塔德的一家旅馆里收到一份卷宗，里面装的是经过编辑的材料的复印件。阅读完开头的几句话之后，我将这一沓材料放到了一边，以一种可以说是下意识的动作打开我的电脑盖子……这部书就是这么来的，这是我写的唯一的一部基于外部动机而非内在冲动的书——一部不折不扣的自传。然而，假如我们接受尼采的建议，即小说的体裁源自柏拉图式的对话，那么读者手中现在拿的其实就是一部小说。

——凯尔泰斯·伊姆雷

你在《惨败》中写道："十四岁半的时候，一挺装满子弹的机关枪指着我，我盯着看了大约半小时。"我认为，这可能发生在宪兵兵营里。《无命运的人生》为什么遗漏了这个插曲？

从小说的角度讲，这属于逸闻趣事的构成部分，因此应当被排除在外。

但从你的人生角度讲，它仍然可能是决定性的因素……

所以，我现在必须得把我从来都不想谈论的所有事情都说出来吗？

那你为什么要写它呢？

也许正是因为我不必谈论它。

这对你来说有那么难吗？

你知道吗？这就像对斯皮尔伯格的系列电影中的幸存老人进行采访一样。我讨厌这样的句子：他们把我们赶进马厩……他们把我们赶到一个院子里……他们把我们带到布达考拉斯①的砖厂里，等等。

为什么？不是这么发生的吗？

在小说中是的，但小说是虚构的……

据我所知，你所写的是基于真实发生的事情。你怎么会出现在宪兵队那个狭窄的院子里？

总之，实际情况与我在《无命运的人生》中的描述完全一致。一天深夜——我睡得正酣，我靠在坐我身后的人的膝盖上，而坐我前面的人又靠在我蜷起的膝盖上——尖叫声和警报声惊醒了我。一分钟后，我就站在了院子里，站在了有月光的天空之下，一群又一群的轰炸机从天空划过。喝醉酒的宪兵们蹲在矮墙上，在他们的前面，很多机关枪指着挤在营房院子里的群众——我们。讲述这个是多余的，在我的小说《惨败》中，你可以读到更好的描述。

---

① 布达考拉斯（Budakalász），匈牙利佩斯州的一座小镇。

"

是的，但是在那里，那个男孩似乎对整个事情一无所知，他也不知道自己怎么会去了那里。

这个，从本质上讲，就是如此。

你对这个场景的——这么说吧——历史背景，从来都不感兴趣吗？

怎么能不感兴趣呢？只是，你知道，情况并非如此简单……

所以，并非虚构，而是现实……

我不想在两者之间做出如此明显的区别。但是，我们现在不要再提此事了。问题在于，在卡达尔[①]执政时期获取文献极为困难，尤其是在20世纪60年代我写《无命运的人生》的时候。仿佛是为了声援纳粹的过去似的，所有的文献都被藏了起来：大部分残缺不全的资料得从图书馆的深处

[①] 卡达尔·亚诺什（Kádár János，1912—1989），匈牙利政治家，曾担任总理（1956—1958，1961—1965），以及匈牙利社会主义工人党第一书记（1956—1985）和总书记（1985—1988）。

寻找，以前的图书出版为这段历史蒙上了一层完整的面纱。最后，我还是成功地找到了资料——我被逮捕的背景是计划于1944年6月底进行的宪兵政变。这次政变——从本质上讲——目的是把犹太居民从布达佩斯往德国驱逐。我们知道，霍尔蒂[①]认识到战争的结果并考虑到盟国的声明：战争结束后，将追究所有那些在屠杀欧洲犹太人方面进行合作的人的责任。在职权受限的情况下，他禁止驱逐布达佩斯的犹太人。宪兵队想改变这一点。作为第一步，他们在拂晓时分包围布达佩斯，把这座城市的行政边界置于其控制之下。众所周知，宪兵队的管辖范围不包括布达佩斯，其管辖范围限于外地，而所谓的"蓝色警察"才是布达佩斯的主管机构。喏，这就是说，他们以某种方式成功地动用了警察：在这一天，警察逮捕了每一个穿越布达佩斯边界的佩戴黄星的人，无论他是否有某种特殊的权利。我就是这样和我的十七个同伴——都是十四五岁的孩子——一起被逮捕的。我和他们在城市边界以外的切派尔壳牌石油精炼厂工作。

[①] 霍尔蒂·米克洛什（Horthy Miklós，1868—1957），匈牙利王国摄政（1920—1944）。

据我所知，这次宪兵政变以失败告终。

是的。法拉格·加博尔中将在"摄政王"身边担任宪兵队的督察长，他及时获取正在酝酿中的这次政变的信息，把国防军的各个部队联合在一起；这足以对宪兵们形成震慑，最终宪兵们放弃了计划。

但这个时候你已经被逮捕……这件事的发生过程和《无命运的人生》里写的一样吗？

完全一样。

也就是说，你写的依然是真实发生的事情。你为什么坚持虚构这一表达？

你瞧，这是一个基本问题。几十年后，当我决定写小说的时候，这么说吧，为了供自己使用，我必须明确界定小说、自传、回忆录这几种体裁之间的区别。只是因为我不想给那类书再增加一本，当时——20世纪60年代——那类书充斥着图书馆……我该怎么说呢……

大屠杀文学，你不是想说这个吗？

是的，今天就是这么叫的。在 20 世纪 60 年代，"大屠杀"这个词还不为人所知。这个词是后来才开始使用的，顺便说一句，用错了。现在，我突然想起来当时是怎么叫的：集中营文学。

这是一个更正确的定义吗？

我们现在最好不要对此进行剖析。

我同意，以后我们再回到这个话题上。现在，我对虚构和自传之间的区别更感兴趣，因为不管是批评家还是读者，都习惯把《无命运的人生》称为"自传体小说"。

这种叫法是错误的，因为这种体裁是不存在的。要么是自传，要么是小说。如果是自传，那么你回想自己的过去，要尽可能认真地努力坚守自己的记忆，对你而言极为重要的是，真实的事情是怎么发生的，你就要怎么写，正如俗话所说：你不要给事实添加任何东西。一部好的自传就是一份文献,是"可靠的"时代写照。然而,在小说中,重要的不是事实,是你给事实添加的东西。

但据我所知——你自己在声明中多次重申——你的小说是完全真实的,故事的每个要素都基于文献。

这与虚构并不矛盾。甚至,我在《惨败》一书中描写了我所做的一切,目的就是为了回忆过去,为了唤醒我记忆中的集中营的氛围……

你刚才闻了你的表带的味道……

是的,因为新鲜的鞣制皮革的气味使我回想起了弥漫在奥斯维辛集中营的营房之间的气味。当然,在虚构的情形下,这种点点滴滴的真实也是非常重要的。但本质的区别仍然是:自传是回忆某件事情,而虚构却创造了某种世界。

我认为,回忆也是重塑一个世界。

但不能偏离这个世界,而虚构的时候却是可以的。

虚构的世界是主权世界，它诞生于作者的脑海之中，并遵循艺术和文学的法则。这是很大的区别，它体现在作品的形式、语言和情节上。虚构的每个细节都是作者想出来的，每个元素……

你是想说奥斯维辛是你想出来的，是吗？

从某种意义上说，确实如此。在小说中，我得想出并创造出奥斯维辛。我不能依靠外部的、小说之外的所谓的历史事实。一切都必须用语言和构思的魔力去凭空创造。你要从这个角度看这部书：从第一句话开始，你就能感觉到你跨进了一个陌生的主权世界，一切……确切地说，任何事情都可能在那里发生。随着故事的展开，读者心里的失落感就会增强，越来越感觉失去了立足之地……

是的，施皮罗·捷尔吉[①]在其令人难忘的文章《无命运……》中出色地写到了这一点。顺便说一句，

---

① 施皮罗·捷尔吉（Spiró György，1946— ），匈牙利作家、诗人、文学史家、翻译家。

> 这是有关《无命运的人生》的第一篇真正严肃的分析。但我们彻底离题了，我们离那个兵营的院子非常远了。我们谈到宪兵……

他们宣称，他们看见我们从马厩中用蜡烛给英国空军发信号。

你在开玩笑……

不，一点儿也没开玩笑，他们真是这么说的。当时，我也以为是开玩笑，但我后来发现他们绝对不是开玩笑。假如有一枚炸弹落在附近，我们所有人都将被"卸成块"——这就是他们的许诺，而且他们看上去也期待那枚炸弹落下来。他们处于一种嗜杀的情绪之中，大多数人酩酊大醉，就像闻到血腥味的鬣狗一样。这实际上是一个辉煌的场景，但并不适合写进《无命运的人生》里。我的心都快要碎了。你看，这就是虚构。其法则是残酷的。但后来我挽救这个场景，把它写进了《惨败》里。

你怎么能这样……这样……

玩世不恭？

我不想说出来……

你使用这个词伤害不了我。我将自己的人生视为小说的素材——我就是这么想的，这使我摆脱了所有的羁绊。

那么，我问一个问题：那天晚上，你是什么感受？当时，你还没有这种漠然的……与其说玩世不恭，我更愿意说讽刺……之所以说讽刺，是因为你正面对死亡。你就不害怕吗？

我可能也害怕，我今天已经记不起来了。然而，更重要的是另外的一种感觉、另外的一种认知。许多年后，我在《惨败》中做了成功的表述："我理解了我的世界的简单秘密：在任何地方、任何时间，我都可能被枪杀。"

痛彻心扉的认识……

既是，又不是。你知道，对一个十四岁的孩子而言，尤其是当他被伙伴们和同龄的孩子们包围时，他可以与他们分享自己的命运。夺走他的生活热情并不那么容易，里面有某种……某种纯净的天真，这使他消除了完全无助、完全绝望的感觉。从这个意义上讲，一个成年人可能早就被摧毁了。

这个观察是基于你的亲身体验，还是后来听到或阅读到的？

我有亲身体验，但我也读到了。你看，老实说，在内容相似的书海之中，真正能够真实地表达纳粹死亡集中营无与伦比的经历的书籍非常之少。在这些非凡的作者之中，也许让·埃默里[①]的随笔对这个话题谈得最多。他有一个非常精确的词语：Weltvertrauen——我这样翻译：对世界的信任。喏，他描述了没有这种信任，生活是多么的艰辛。谁一旦失去这种信任，谁在人们中间就注定永远寂寞。这样的人再也不会把另外一个人看成自己

[①] 让·埃默里（Jean Améry，1912—1978），奥地利哲学家、奥斯维辛集中营幸存者。1966年出版书写奥斯维辛经历的文集《罪与罚的彼岸：一个被施暴者的克难尝试》，后又出版数本著作，包括哲学论著《独自迈向生命的尽头》《变老的哲学：反抗与放弃》等。1978年，自杀身亡。

的同伴,而会永远将其当成敌人(原始的措辞是"Mitmenschen[①]"和"Gegenmenschen[②]")。当让·埃默里在比利时的一个改造成监狱的防御工事里遭受酷刑时,盖世太保摧毁了他对世界的信任。他虽然在奥斯维辛集中营里幸存了下来,但却终归徒然。数十年后,他对自己执行了判决——他自杀了。

典型的现象是,这些出色的——非常出色的——随笔最近才由"过去与未来"出版社出版,并且印数少,而这也仅仅是埃默里作品的一个单薄的选集,但我们还是回到你的"对世界的信任"上吧。

哦,是的,我认为,即使在我完全衰老的情况下,这种信任,即使现在不那么外露,但依然可以在我身上看得到。我只是设想,成年人的义务就是把我从这里救出去,让我安全无虞地回家。这个今天听起来有点儿可笑,但我确实就是这种感觉。

---

① Mitmenschen,德语,意思为邻人。
② Gegenmenschen,德语,意思为敌人。

我毫不动摇地相信，我的死里逃生归功于这种孩子气的信任。

而无数其他的孩子……

死了。是的。成为一个例外并不容易。

你和另外十七个人从公共汽车上被抓走并被送往奥斯维辛。这些人之中是否有人活了下来？

没有。他们全都死了。

你确定吗？

战争结束后，我的母亲刊登了一则广告。无人问津。其实，在1944年夏天我失踪的时候，她也刊登过广告。在广告里，她希望在切派尔海关边境失踪的孩子们的父母与她联系。

这样的广告会在德国占领下的匈牙利刊登出来吗？

看样子，会刊登出来的，因为已经刊登出来了。

但我的母亲也做过比这更奇葩的事情,她突然决定去军事部——我认为当时就是这么叫的——她去的时候,胸上佩戴着黄星。

她可能是个非常勇敢的女人。

她固然勇敢,但主要是她不知道自己的周围发生了什么。她"对世界的信任"始终没有动摇。我的母亲是位美丽的女人,衣着优雅,无所畏惧。当她根据法令规定佩戴黄星登上"有轨电车后门的台阶"时,男士们纷纷从座位上跳起来,让她去坐他们在车内的座位。她为自己像当时大名鼎鼎的女演员特凯什·安娜而感到自豪——曾经发生过这样的事情,人们在大街上向她索要签名。她只是不愿意正视事实,不愿意去评估危险的严重程度。我简直无法想象她是怎样闯入某个高级官员——上尉或少校——的办公室的。"但是,尊贵的夫人,"官员对她说,"您至少应该把衣服上的黄星摘下来……"这句话对她来说就足够了。我的母亲要求官员把儿子归还给她,或者告诉她儿子在哪儿、儿子发生了什么事。官员马上就过问了此事。我的母亲被告知,她的儿子和同伴们一起被送往埃尔代伊①，在那里的一个林场从事"伐木"工作；即便这个说法没能打消她的疑虑，但我的母亲当时在现场至少是暂时地相信了，因为她想相信。当时，人们在绝望中保持着对合理的世界秩序的幻想。

令人震惊。这让我想起了一个问题，自从我读了你的书，我一直在寻找这个问题的答案。匈牙利的犹太人真的是一点儿也不知情吗？他们一点儿也不清楚等待他们的是什么命运吗？

我只能谈自己在布达佩斯的体验，这是我在我的家庭小圈子和熟人圈子中获知的：这里没有人猜疑任何事情，我从未听说过奥斯维辛这个名字。每个犹太家庭都偷偷地收听BBC电台——只要犹太人"不必上交"他们的收音机——一旦听到电台节目对自己的乐观构成干扰，他们就挥手："英国的宣传。"

① 埃尔代伊（Erdély），匈牙利人对今罗马尼亚西北部地区特兰西瓦尼亚的称呼，历史上曾为匈牙利领土。

这个的原因可能是什么？

有无数的原因，既有历史原因，也有心理原因。事实是，匈牙利军队在顿河覆灭①之后——在这个过程中，无数的犹太劳工也失去了性命，他们被用于在战场上挖地雷——战争的压力得以缓解。1943年，短暂的宽慰蒙蔽了犹太人的双眼，他们以为自己享有特权。有关卡洛伊·米克洛什②总理的"摇摆政策"的传言被人们争相传播。人们说，他背着德国人"与盟国和解"。1944年3月19日，德国人占领匈牙利，开始扩大比克瑙的火葬场，并铺设一段新铁轨。按照计划，从匈牙利运来的犹太人将通过这段新铁轨抵达那里。一名叫艾希曼的高级党卫军官员抵达布达佩斯。犹太委员会花了较大的一笔钱接待了他。同时，他

---

① 第二次世界大战中，匈牙利第二集团军二十多万名士兵参加了德国对苏联的进攻。1943年1月12日，苏联红军在顿河河湾向匈牙利军队的防线发起猛攻，摧毁了匈牙利第二集团军，阵亡人数超过十四万，被称为匈牙利历史上最大的灾难之一。
② 卡洛伊·米克洛什（Kállay Miklós，1887—1967），第二次世界大战期间出任匈牙利总理（1942—1944），让犹太人受到一定程度的保护。1944年3月德军占领匈牙利时被俘，先后被关入达豪集中营和毛特豪森集中营。1951年定居美国。

们也收到了所谓的《弗尔巴报告》。来自斯洛伐克的囚犯鲁道夫·弗尔巴经过漫长且非常细致的准备之后，逃出奥斯维辛集中营。他起草了这份报告，准确地描述了在这家死亡工厂里发生的事情。这份报告用了很大的篇幅介绍集中营正在做接收匈牙利犹太人的准备工作，虽然当时是准备期，但报告已经预示了这些人的毁灭性命运。匈牙利犹太委员会讨论了这份报告，决定不把其内容告知数十万犹太人。顺便说一句，宪兵已经开始把犹太人往匆忙设立的犹太隔离区驱赶。

如何解释犹太委员会的决定？

我认为，无法解释。对于你的问题，我可以给出一个看似非常矛盾的答案：他们想阻止在犹太人中爆发恐慌。

苦涩的悖论……很遗憾，最悲哀的是，它是贴切的。所以，你也不知道，火车要带你去哪里。

没有人知道。六十个人挤在运牛的火车里，他们中没有一个人听说过奥斯维辛这个名字。

《无命运的人生》中有一个情节：柯韦什从钉着铁丝网的窗户缝隙瞥见一个空旷的车站，在黎明的曙光中，他从建筑物上读到了奥斯维辛这个名字——这是虚构，还是真实发生的事情？

绝对真实，它很好地服务于虚构。

所以，与此相关，你不怀疑逸闻趣事……

不，因为不可能想出更好的情节。此外，我也没有胆量想出这样的情节。

喏，你看……

你让我看什么？

毕竟，你受现实的束缚，你在写现实，而且是活生生的现实。比如，这里有一块足球场，你在《船夫日记》中写道，你清楚地记得奥斯维辛的……

比克瑙的……

"

好吧，比克瑙的足球场，但你却不敢把它放进小说之中，直至你在博罗夫斯基①的作品里发现了它。

你指的是他的短篇小说《女士们，先生们，请进毒气室》。塔杜施·博罗夫斯基属于那类屈指可数的作家，他们在死亡集中营里发现了有关人类生存的某种重要的新闻，而且能把它讲述出来。他写了五六篇重要的短篇小说，风格清晰，形式辉煌、经典，让我想起了普罗斯佩·梅里美的短篇小说。后来，他也自杀了。但现在，你告诉我，每当你抓住某种真实而具体的细节时，你就把"现实"挂在嘴边，为什么你每次都是一副胜利者的姿态？

因为你用你的小说理论模糊了真相。你把自己排除在了自己的故事之外。

没有这回事。只不过我的位置不在故事里，而是在书桌那里（尽管当时我还没有这样的家具）。请

---

① 塔杜施·博罗夫斯基（Tadeusz Borowski，1922—1951），波兰作家、诗人，纳粹集中营的幸存者。

允许我举很好的例子为我做证。比如,假设拿破仑和俄法战争从来就不存在,《战争与和平》还是一本好书吗?

这个我得思考一下……我想,是的。

但是,拿破仑确实存在过,俄法战争也是真实的,而且所有这些都有十分准确的记载,历史事实就在眼前,这只会使这本书变得更好,不是吗?

这是真的。

假如司汤达《帕尔马修道院》里的年轻主人公法布利斯不知所措地在田野和树林里四处游荡,连续不断地撞上大炮和骑兵部队,听见含混不清的叫喊声和命令声,这本身就是有趣的虚构,不是吗?

是的。

但假如我们知道他正穿过滑铁卢战场,这会使故事变得更有趣,是吧?

没错。

然而，既然说到滑铁卢战役，这就要求准确无误，因为滑铁卢战役是历史事实。

我理解你要达到什么目的，我欣赏你的苏格拉底法。但是，请允许我继续往下问。你讲述了当你的母亲知道你落在警察手里之后都做了什么——在这件事情上，这是多么可笑的措辞！——但是，你没有说她是如何知道所发生的事情的。据我所知，你和你的继母住在一起。

我的继母给我的母亲写了一封信，告诉她我失踪了。看看这封信！看看这封信的风格！"亲爱的奥朗卡，"我的母亲名叫奥朗卡，"我必须告诉你一件不愉快的事情……""当然了，我立刻就去打听了……""当然了"这个词和委婉语是我从我继母的口头禅中"偷来的"，后来将其用在了《无命运的人生》里。她是个毁灭性的人物。

毁灭性，你指什么意思？

我也不知道……贡布罗维奇①的小说《费尔迪杜凯》里有一句话，也许我的引述不准确，但大意如此："你认识小看你的人吗？"嗯，我的继母就是这类人。

也就是说，你和她很难相处。

对她这个可怜的人来说，和我相处更难。我非常忍受不了……总之，我根本忍受不了她，主要是忍受不了她的品位。你设想一下，她有一件中款浅灰色西装，为了配这件衣服，她买了一顶短檐红帽、一只红色漆光包和一双红皮鞋。她认为，她现在非常优雅。我们就这样去散步，用她的话说是"闲逛一会儿"。太可怕了，我认为我在沉沦。更有甚者，她想让我称呼她为"小妈"，而我的父亲也支持她的这个渴望和梦想。于是，他们就不断地尝试，但未能如愿。这个词从我的嘴里就是喊不出来。

---

① 维托尔德·贡布罗维奇（Witold Gombrowicz，1904—1969），波兰小说家、剧作家和散文家。

> 看起来，童年时期你就对词语敏感。在你的新小说《清算》中，你就直接谈对词语的恐惧症。

是的，有某种令人难以置信的系统把我和语言捆绑在了一起；某些词语的发音引起了我的想象，在很长的时间里这个系统都被证明是牢不可破的，但我在这里谈的还不是这个。灰色的西装、红帽子和"小妈"——这些引起了我的恐惧，后来我才为其找到一个名字：小资产阶级的极致。今天我对此仍然反感。所以，无论他们想出了什么招，我还是叫她"考托阿姨"，因为这个称呼和她相配，尽管她比我母亲年轻得多。但现在也许我们不必沉迷于童年的回忆，否则到最后你还想看我婴儿时期的照片呢。

你说得很准确。但现在，让我们继续讨论这个话题吧。我对你的家人是什么样、你的童年过得怎样等等，都感兴趣。你还根本没有谈到你的父亲，你描述的你的母亲是个有趣的女人，她肯定不会随便爱上一个人。

猜猜看，猜猜看，爱情是什么？——欧特利克·

盖佐①在他的名为《布达》的书里问道。无论如何，我父亲一定是恋爱了，这在他出现可怕的嫉妒心理时表现得最为明显。而我的母亲想离开局促狭小的家、三个姐妹、继母以及在财务问题中挣扎的父亲。他们住在莫尔纳街的小房子里。那时——20世纪20年代——自由之路主要是通过婚姻向女孩子们敞开。当然，也通过工作。我的母亲早在十六岁时就在一家公司里找到了一份工作，这在当时被称为私人公务员。

那就是说，他们不是因为爱情而结婚？

你瞧，一个小孩子很难去分析自己父母的爱情生活。无论如何，作为他们的孩子，他们之间的关系让我非常痛苦。

他们吵架吗？

不太频繁，可一旦吵架就吵得很凶。比如，我记

---

① 欧特利克·盖佐（Ottlik Géza, 1912—1990），匈牙利作家、翻译家。

"

得一个美丽的夏日早晨。我们住在城市公园附近一个宽敞通风的住宅里，可能是在埃莱梅尔街，我不知道这条街道今天是不是还叫这个名字。我当时可能是三四岁。应该是四岁，而不是三岁，因为我记得很清楚。可能是个星期天，因为他们俩都在家。他们互相大喊大叫。我明明白白地听出他们的争吵跟游泳池有关：我的父亲不想让我的母亲去游泳池。他大概怀疑我的母亲要去那里跟某人约会。不清楚我父亲本人为什么不陪我母亲去游泳池。大概是"因为孩子"——这个孩子就是我。情急之下，我父亲抓起我母亲的白色橡胶泳帽，把它撕成了碎片。我母亲也不甘示弱，她找出一把巨大的裁缝剪刀，把我父亲的帽子前檐剪了两个大口子。即使在今天，震惊中的父亲和下垂的帽檐依然浮现在我的眼前。那是一顶绿色的毡帽。我放开喉咙尖叫。最终，我的母亲去了游泳池，我的父亲则带着我去买新礼帽。这天可能是星期六，因为商店星期天不开门。

你有很多类似的记忆吗？

有几次。

但他们后来离婚了。

他们离婚了，只有我一人遭罪。他们把我送进了一所寄宿学校，我成了住校生。

在《给未出生的孩子做安息祷告》中，能辨认出是这个寄宿学校吗？

费点神，绝对能。

你不愿意谈论这个吗？

为什么不呢？人总是乐于回忆童年，无论那是多么不愉快和沉重的时代。

你的家谱能追溯多少代？

这是一个很好的问题，只是我从来没有真正关心过。简而言之，不管我多么地绞尽脑汁，我只能追溯至我的祖父母。据我所知，我的祖先是普通的被同化了的信奉犹太教的市民，还有一部分是农民。

"

农民？

你为什么感到惊讶？我的祖父是犹太人，而且是贫穷的农民。后来，他决定去外面闯荡。根据家族传说，他从凯斯特海伊①附近的保乔村赤脚步行到布达佩斯。当时正处于19世纪末，是职业变革的大时代。我的祖父沿着凯赖派希路即今天的拉科齐路走到底，他的目光落在一家雅致的商店上——当时人们把这种商店叫缝纫用品店。他很喜欢店员们围着顾客在柜台忙碌的景象。于是，他毫不犹豫地走进商店，很快被录用为店员。他的生活按照从前的童话法则不断发生变化。他娶了店主哈特曼先生（我的曾外祖父，我对他一无所知）最小的女儿为妻，然后很快使自己独立并开设了自己的缝纫用品店。"这家有镜子和吊灯的敞亮的商店位于拉科齐路，拥有七个店员"——家族传说就是这么说的。但当我认识他时，他已经是住在约瑟夫城②最深处的特默街的穷人了，他的住宅里只有一个房间和一个厨房。

---

① 凯斯特海伊（Keszthely），匈牙利城市，位于该国西部巴拉顿湖西岸。
② 约瑟夫城（Józsefváros），布达佩斯第八区的别称。

他破产了吗?

他是在第一次世界大战期间破产的。他将所有的金钱和其他财产都投资于军事债券。他是一位伟大的爱国者……

你在某处提到,他取了匈牙利化的姓氏……

是的,我的祖父最初姓克莱因。在第一次世界大战之前,他就取了匈牙利化的姓氏。至于为什么正巧是凯尔泰斯,只有天知道。"凯尔泰斯·阿道夫,经营缝纫用品,概不赊账"——我记得商店里悬挂着这个标语。这个商店开在普拉泰尔街上,只有我的祖父和祖母两人为附近一带由女佣组成的顾客圈子服务。祖父称呼她们为"女士"或"小女士"。圣诞节前,他把"长丝袜"送给她们做礼物。他一直坚持说方言,比如,他把内裤说成"腿上穿的"。他一生中从未看过医生,从未坐过有轨电车,从未穿过棉衣。关于他,我可以讲好几个小时。

那你就讲讲吧。他长什么样?

"

高、瘦。身上没有一克多余的肉。他把自己剃成了光头。有时,他把自己那张沧桑的、永远胡子拉碴的脸伸向我,让我亲他。他为自己穿"46码鞋"而感到非常自豪。无论冬夏,我总是见他穿同一件西装。有时,他不得不去找批发商,以补充库存。当时,批发商的仓库设在威廉皇帝路(今鲍伊奇-日林斯基路)。我记得那些灰蒙蒙、冰冷的日子,他对妻子即我的祖母说:"我要进城了。"正如我所提到的,他从未登上过有轨电车或公共汽车。他不戴礼帽。他把双手插进灰色上衣的口袋里,但两个大拇指却露在外面。他默默地转身出门,然后消失在自己呼出的白气里,就像一个流浪汉似的。

你喜欢谈他……

是的,奇怪的是,我自己也对此感到惊讶。看起来,他对我的影响比我以前想象的还要大,而事实上我们很少交谈;如今,我感觉他是把我当成了一件比较精巧的商品,必须小心翼翼地去触碰,因为很容易破碎。不知何故,我却害怕他。他实际上是一个忧郁、少言寡语的人。有时,他会讲粗俗的笑话。"哼,我也会拉丁语。"他说,"你听着,tona ludátusz[①]。意思是:鹅从湖里游过。"我们哈哈大笑。他本人当时上完了义务教育六年制小学。他很少在每个星期五晚上去犹太教堂。在其他的时候,他带我去东达尔街的蒸汽浴室,因为特默街的住宅里没有浴室,上厕所也必须去外面开放式走廊尽头的厕所。开厕所门的生锈的大钥匙挂在厨房的一个钉子上。他从未上过剧院或电影院。他和我的祖母一起把店门锁上,然后步行回家。他们的晚餐千篇一律:一大杯加奶咖啡,里面有很多"被掰成碎块的"无酵饼。你知道什么是无酵饼吗?

见鬼,我怎么能不知道呢?就是没有加入酵母发酵的饼。

对,他们吃的就是这个,每天晚上都吃。稠密的无酵饼的碎块吸饱了浅棕色加奶咖啡,糊状的说不上颜色的块状物就产生了。然后,他们就用勺

[①] 此处把 tón a lúd átúsz(鹅从湖里游过)连在一起写,导致听起来像拉丁语。

子从杯子里舀着吃。之后,我的祖父就坐到窗户旁边,这样就不必打开电灯。他在暮色中看报纸,直至天黑。他们早睡早起,女仆做好午餐,用蓝色的搪瓷"饭桶"给他们送到普拉泰尔街的商店里。

你是说他们过着如此简朴的生活,却还雇着一个女佣?

我的祖父称之为"仆人"。你可别感到惊讶,当时的乡下非常贫穷,以至于女孩子们背井离乡,来到布达佩斯当女佣,以换取食物、出租屋和微薄的报酬。我清楚地记得为我的祖父母那一辈人服务的一大批"伊隆卡①们"。在我祖父母的住宅里,一个黑暗的"大房间"的延伸处是一个比较明亮的地方,这就是所谓的"凹室",我的祖父和祖母就睡在这里的一张巨大的家庭床上。我的父亲睡在朝向植物园的窗户的方向(直至他再婚),如果我正巧也在这里,我就和父亲睡在一起。除此之外,房子里就只剩下厨房了,伊隆卡们就住

---

① 伊隆卡(Ilonka),匈牙利女孩名。

在那里。我喜欢她们，她们也喜欢我。其中一个伊隆卡教我品尝黑塞哥维那牌香烟的味道，这是用浅色烟叶制成的味道淡淡的过滤嘴香烟。我们并肩坐在楼梯台阶的底部，吹着烟雾。我当时可能有五六岁。同一个伊隆卡在一个夏日的早晨说："我带这位小绅士去肉铺，我们去买撒上辣椒的咸肉和酸黄瓜，他会看见这些都是什么东西！吃了之后，他就会舔自己的十个手指头！只是他可别泄露秘密啊！"我的祖父母遵守犹太饮食教规，这意味着他们不吃猪肉，不用猪油烹饪。这样一来，伊隆卡就把我卷入了罪恶的深渊。她用自己的小刀把咸肉切成"方块"，插在刀尖上给我，当我一口又一口地吞进嘴里后，她满意地看着我。顺便说一句，这个伊隆卡可能天性叛逆，她不喜欢我的祖父。她说，他是"老吝啬鬼"。这让我非常震惊，因为我不知道如何处置这个重要的秘密。无疑，我对她的信赖在一段时间内干扰了我的身份认同。因为我不想出卖可怜的伊隆卡，但另一方面，我更愿意站在我祖父的一边。更有甚者，她有一次也带着我去做礼拜。那可能是某个节日——但我只是现在才这么想，当时我根本不知道我们要去哪里。下午天色就已经暗了，下着雨夹雪了。伊隆卡紧紧地抓着我的手，我认为，她可能是怯场。"这个小绅士将大开眼界！"她说。我认为，我们走的是宇乐伊路。在那里的一个地方，我们进入一个教堂。我有了一种感觉，后来在看帕西法尔的传奇故事时我就有这种感觉。正如在帕西法尔的面前有一道神秘的大门打开一样，在我的面前也有一道神秘的大门打开了。我进入一个明亮的地方，里面有一排排铺着雪白的桌布的长桌。我和伊隆卡坐到一张桌子旁边。我们听到了音乐，吃了某种东西。在叮当声中，一位神职人员穿着雪白的长袍走进来。我不知道身处何地，不知道正在发生什么事情，但一种奇异的感觉穿过全身，这是奇妙的感觉，也是敬畏的感觉。我完全脱离了自己的躯壳。

这是你人生中的第一次宗教体验吗？

不，我不认为这是宗教体验。这是神秘体验，而不是宗教体验。顺便说一句，我今天也是如此：我倾向于接受神秘体验，但排斥所有教条式的宗教。

但宗教的目的就是传递神秘，进而让人陷入神秘的氛围。

你可能是对的，因为我认为宗教感是人类的需求，与我们是否信奉宗教完全无关，与我们是否是某种宗教团体的成员无关；甚至，与我们是否信奉上帝无关。

比如，你是否信奉上帝？

对于这个问题，我无法如此仓促地做出回答，但这无关紧要。因为我有天然的宗教感，毕竟，我们必须为生命而感谢某人，即使碰巧没有人接受我们的感谢，我们也必须感谢。

我倒是愿意争论，但我们还是继续往下谈吧。嗯……

请不要生气，我要打断你的话，我还没把伊隆卡们讲完呢。另一个伊隆卡非常喜欢带我去户外。如果现在让我仔细想，她可能是为了去见她的一个追求者。我还记得一种制服（我说不出是不是售票员、警察或士兵的制服），它出现在远处，在伊隆卡牵着我的手一起回家之前,它就匆匆消失了。这发生在人民公园的卢多维卡花园的后面。当我们接近娱乐摊位的时候,老远就听见固定在大树上的喇叭发出刺耳的音乐声。喇叭里播放着以前的流行歌曲,比如"在托莱多二加二等于四,在托莱多你需要幸福……",或者"这个烟斗丝由上等的烟叶做成,我的伙伴的烟斗里不装坏烟丝……",等等。在木偶剧院的帐篷前有一排未经雕琢的长椅,上面坐着(用赖特·耶诺[①]的话说)同样未经雕琢的观众,还有许多孩子。我可以连续看几个小时拉斯洛勇士如何用一只大平底锅砸魔鬼的脑袋——这个时候,伊隆卡就可以放心地从我的身边消失了。另一个我最爱看的是在附近摊位的小舞台上开玩笑的卡波斯塔什·茹日。据说,她实际上是个男人,这让我非常失望。在人民公园里的那些下午就是这样度过的……

在我看来,在你的讲述中,特默街的周围仿佛永远都是夏天,伊隆卡带你去教堂的那个下午是唯

[①] 赖特·耶诺(Rejtő Jenő,1905—1943),匈牙利低俗文学的代表人物。

一的一个冬日下午。

你真是明察秋毫。之所以你有这个看法,我也有这个看法,是因为暑假的一半时间我都是和我的父亲一起度过的,正如我所提到的,他在我的祖父母那里一直住到他娶比恩·考托为止。他们整天都在商店里,我的祖父母也在自己的商店里,而我的父亲做的是木材生意。

你的父亲和母亲此时已经离婚了……

也许还没有,但他们已经分居了。

你当时几岁?

四五岁。但后来每年夏天有一半时间我也在那里度过,直到我十岁为止。那时,我的父亲在鲍罗什街找到一套住宅,就在泰克·安德烈街,即今天的莱昂纳多·达·芬奇街的转角处。

你不记得与母亲一起度过的假期吗?

"

怎么会不记得呢？我的母亲总带我出城去某个温泉浴场。我主要记得埃尔德贝涅温泉和鲍拉德温泉。今天看来令人难以置信，但这些是优雅的、比较好的民用温泉浴场，而且与很好的宾馆连在一起，第二次世界大战后被改造为"工会度假地"或其他类似用途的机构，后来被完全毁了。抵达埃尔德贝涅后，我的母亲还必须在旅行社办理某种手续；我在附近看见一条干涸的小溪，我好奇小溪的河床里会有什么；我从母亲的手中挣脱出来，开始奔跑，然后在一块鹅卵石上滑倒，向下滚进石砌的小溪河床之中。这使我有了新的乐趣：我必须用碘酒擦伤口并用绷带包扎伤口至少一个星期。我认为，没有人关心这些逸闻趣事，尤其是我。

让我们回到特默街停留一会儿吧，因为你还没有谈你的祖母呢。

不，关于这个可怜的人，我也没有太多的话要说。当我出生的时候，哈特曼最小的女儿就已经变成一个脾气暴躁的老太太了。她肥胖、耳背，患有高血压，不停地抱怨，有时抱怨自己的健康，有时抱怨"物质生活下降"，她反复提到"美好的时光"。我的祖父默默地忍受着这一切,尽管他可能非常沮丧。偶尔他也会责怪她:"泽尔马,你永远都在发牢骚。"他带着方言口音,有的元音发音短促。有时,他对我的爱会突然爆发。这时,他会扑向我,使劲地亲吻我。我记得他说:"你这个小猪崽子。"然后,我就反复地把我的脸擦干。

那么,让我们现在从特默街去莫尔纳街吧,去你的外祖父母那里。

我从未去过莫尔纳街,这个地址是我从我母亲的口中听来的。

你是在什么情况下听来的?

有时她提到自己的青春年代,莫尔纳街可能给她留下了噩梦般的记忆。主要是一想起家里的拥挤不堪,她就仿佛患上了幽闭恐惧症。

她的童年是在那里度过的吗?

不,这只是临时住处,在他们一家人从克卢日堡逃难到布达佩斯后就挤住在那里。

这是什么时候的事？

也许是1919年，在罗马尼亚军队占领那座城市之后。

所以，他们在克卢日堡一直住到那个时候。关于这方面，你还能讲述更多的情况吗？你对你母亲的家族到底都了解些什么？

老实说，了解不多。我的外祖父曾在匈牙利-法国银行担任银行职员。他叫雅各布·莫尔，是一个笑容忧郁、优雅、安静而英俊的男人，留着精致的唇髭。他被一种令人愉悦的香味包围着，那是绿色糖果的味道，他因患心脏病而吃这种糖果，他把糖果放入一个小盒子里，经常装入外衣的口袋里。我从未见过我的外祖母，在生下第四个女儿后，她死于分娩和妊娠的生理摧残；而我的母亲从未原谅博日盖（外祖母的第四个女儿），实际上也没原谅我的外祖父。我的外祖母患有肺结核，医生禁止她在生完三个孩子之后再生孩子。

悲伤的故事，但那个可怜的姑娘对此无能为力……

我也是这么告诉我的母亲的。

然后呢？

她回答说，博日盖还有其他的不良品质。

这是讽刺，或者……

我的母亲跟讽刺不沾边，也没有一丁点儿的幽默感。但是，她对母亲非常依恋，并对我的外祖父再婚怀恨在心，尽管我的外祖父正是为了四个女儿才这么做的；让他一个人抚养她们，这无疑超出他那不太强大的生命力。

与你的祖父不同，一个富有同情心但又有点儿颓废的男人的轮廓开始浮现在我的眼前。

你的思路大体是正确的。总结我从母亲那里听到的一切，我的心里也形成了一个印象，即在他们两个人的婚姻中，我从未谋面的外祖母可能是支配性的人物。只是我了解的情况太不全面了……你看见了,人在一生中都厌恶家族故事,当他需要它们的时候,就会立即探听未知的过去。

我根据你的著作进行推断,你不是十分喜欢令人窒息的家族秘密,根本不喜欢家庭生活。

"家庭,我恨你!"纪德[①]写道。是的,我曾一度认为,每种心理疾病——几乎每种疾病都是心理疾病——的原因都是家庭,正如你所说,令人窒息的家庭生活,宽大、柔软、散发着腐味的家庭床吞噬掉了一切生活。

今天你已经不这么想了吗?

你瞧,我的第二任妻子玛格达有一个儿子,她的儿子有一个可爱的妻子,两个人有一个小女儿和一个小儿子……

---

① 安德烈·纪德(André Gide,1869—1951),法国作家,1947 年诺贝尔文学奖得主。

总之，所有这一切使你有了更宽容的看法……

我不否认。

你对未能更详尽地了解不曾谋面的外祖母感到遗憾吗？

岂止是遗憾，因为在外祖母的亲戚中有许多有趣的人，时至今日，他们中的一两个人依然在克卢日堡的大学历史上留下了自己的印记。

你想到了谁？

首先想到的是早逝的克卢日堡的哲学家和文学老师布雷特尔·捷尔吉，他可能是我的舅表兄弟的儿子，无论如何都可能是血缘亲属。我的祖母叫布雷特尔·贝蒂。诗人鲍洛·若菲奥现在生活在布达佩斯，她在克卢日堡完成了大学学业，她是布雷特尔·捷尔吉教授的学生。当我提到亲戚关系时，若菲奥断言，我说话的方式、肢体动作，总之，可以说，我整个的"面部表情"都让她回想起了布雷特尔·捷尔吉。

你从未尝试过与他建立联系吗？

从来没有。我先分享安德烈·纪德的观点：如今悔之已晚。正如我提到的，他英年早逝，据我所知，他和我的外祖母布雷特尔一样，也是死于肺结核。顺便说一句，我母亲也患过所谓的"浸润性肺结核"，但大约20世纪30年代中期，在布达凯西的鲍拉特·伊雷恩肺病疗养院里，她的病幸运地给治好了。那时，她早就与我的父亲离婚了，但我的父亲还是陪着我去疗养院所在的布达"魔山"看望了她好几次。我们在距离特默街很远的瓦罗什马约尔公园乘坐齿轮火车，在返程的时候，我们沿着士瓦本山步行回到市里。我的父亲喜欢散步。

所以，你的外祖父再婚了，然后一家人在第一次世界大战即将结束时逃到了布达佩斯？

我认为，这就是他们的经历。

你的外祖父也放弃了自己稳定的生活和银行职员的工作——可能有令人信服的原因迫使他这么

做。当时他有多大年纪？

我肯定不知道。可能是四十岁左右。可以想象，没有罗马尼亚人的话，这家银行也会破产——当时人们就是这么说的。我宁愿相信，我的外祖父可能受到战争失败的影响太深。他可能将其视为个人的失败。他对旧秩序行将崩溃表示认同，在失败的恐慌中，他可能会失去立足之地。正如心理学家所说，这当然是一个无意识的过程，但是它发生在许多人的身上。在这种情况下，错误的选择会接踵而至；人屈从于群体性精神病，要么陷入忧郁，要么与众人一同酝酿复仇。有趣的是，在我们这里没有人对此现象进行过分析。尽管两次世界大战之间的时期，尤其是在匈牙利——当然也在德国——制造了这类群体性精神病，但这却使人们预先就做好了接受最可怕的独裁政权和第二次世界大战的灾难的准备。

你说，在我们这里没有人对此现象进行过分析。也许你在别的地方读到过这方面的内容？

我记得，塞巴斯蒂安·哈夫纳这位从希特勒统治下的德国逃往伦敦的杰出德国作家和政治分析家在他的书中探讨过这个问题。

但你的外祖父也许并不属于"复仇的酝酿者"之列。

可能性太小了,因为他是犹太人,自从他担心罗马尼亚人占领而逃往——可以这么说——"祖国"之后,1919年至1924年之间急剧的反犹政策可能使其遭受迫害。

他谈过这个话题吗?

从来没有。即使他谈,也不会给他的外孙,给一个孩子谈。老实说,我们之间没有形成任何的信任关系;也不可能形成,因为我们很少见面。也许,我说的关于他的一切都纯属猜测。但是,我无法用别的理由解释他的全身而退,从这背后能感觉到失败后的冷漠。小时候,我认为这是非常动人的特点——当然,要为这个东西命名的话,我可就力不从心了。顺便说一句,他并无过人的才智。退休后,他依靠自己的力量并在家人的帮助下,在拉科什圣米哈伊村买下了一套简陋的两居室家庭小屋,与他的妻子住在那里,后来我才知道,他的那位妻子并不是我"真正的"外婆。一个星期天的晚上,我母亲的亲戚们聚集在拉科什圣米哈伊村的房屋里。战争发生了。我的外祖父把男人们聚集到了自己的周围,把他们赶进里面的房间,他的额头上布满焦虑的皱纹,压低声音问道:"哎,有什么新闻?你们知道什么?将会发生什么?"

我不敢问:"后来发生了什么?"

外祖父母都在奥斯维辛集中营被杀害了。他们从运牛的火车车皮的窗户里往外扔了一张寄给我母亲的明信片。"我们被装上火车,正被运往某个地方,我们不知道要去哪里。"上面写的大致就是这个内容。

这张明信片还在吗?

在我的母亲那里放了很长时间。我至今还记得那张灰色的纸片,两行向下倾斜的文字是用铅笔写上去的。

这张明信片是怎么到收件人的手上的？

可能是一个好心人捡到了，此人贴上了邮票并交给了邮局。我的母亲当时还是有地址的：在犹太人强制性的"搬迁"过程中，她住到了珍珠母街"有黄星的房屋里"。显然你也知道，在布达佩斯设立犹太人隔离区之前，一道法令规定，若干家犹太人要"搬到一起"，住进同一个房子里。这种住了很多人的房屋后来被称为"犹太人房屋"，黄星被钉到房屋大门的上方。我本人也曾住在一栋这样的房屋里，在……怎么说呢……"被逮捕之前"，我住在沃什街24号B栋，即我继母的母亲那里。我的继母的全家人都"搬到了"这里。

现在让我们回到战前的布达佩斯。你的父亲和母亲离婚了，你被送进一所男子寄宿学校，成为住校生。这是什么时候发生的事？

1934年左右。我当时五岁，是这所学校年龄最小的学生。在这里，我上到小学四年级。"我们跳级吧!"《一生做个好人》①中的老人就是这么说的……他叫什么名字来着?

波绍劳吉。

当然,当然!善良的波绍劳吉先生!

你喜欢这本书吗?

我喜欢主人公尼劳什·米什,可怜的人。我也喜欢《帕尔街的男孩》里的奈迈切克。我还喜欢温尼托等许多人物,在这些人物当中,我最喜欢英国小说《霍雷肖·霍恩布洛尔船长》中的霍恩布洛尔船长。

我不了解这本书。

哦,这可是一本奇妙的书,哦,这是我生病的心灵的慰藉!不管是多么令人难以置信,这本书出

---

① 匈牙利批判现实主义小说家莫里茨·日格蒙德(Móricz Zsigmond,1879—1942)的小说。

版于1943年,时值第二次世界大战中期。这本书是茹日"阿姨"送给我的礼物(我叫她阿姨,而她可能才三十岁左右,她是我早期爱情意识觉醒和性幻想中最喜欢的女主角之一,而关于此事,这位令人钦佩的女士却可能一无所知)。她是我的家庭教师,每星期来两次鲍罗什街,把拉丁文语法和数学往我的愚笨的脑袋里硬塞。我当时十三岁,我在成人礼上得到了这本书,你知道这是什么吗?

当然。这是一种仪式,就如同基督徒的坚信礼。

总之,必须选择一名拉比主持仪式。在鲍尔乔伊街的毛达奇中学,选择蓄着灰白唇髭和整齐的小胡须的宗教老师什迈尔泽·伊扎克拉比是合适的。我喜欢《旧约》的故事:沙漠领主们率领羊群相遇,作为仁慈的标志,他们砍杀并烤熟一只公山羊。这时,我的口中开始有唾液涌出。我认为,公山羊这个词是如此美丽,以至于我长时间欣赏它的发音,却不知其确切含义。我的父亲说:"你去问他成人礼的价钱是多少。""让我去怎么问?""你告诉他,是你的父亲让你问的。"我挣扎了好多天,最终我决定去讲台找他,我问:

"嗯，是的，我的父亲让我问一下，主持一次成人礼的价钱是多少？"总之……事情并未如自己预料的那样发生，世界没有在我周围崩溃，我也没有沉入地下。拉比回答道："告诉你的父亲，我承接，价钱是一只鹅。"假如他说一只公山羊的话，我会更加开心。顺便说一句，当时是1943年，一只鹅在黑市上要卖一百帕戈①——这在当时可是相当可观的一笔钱。我们举办了成人礼，拉比和人数众多的听众唱了赞美诗。在祈祷的过程中，有人大声宣布了对犹太教堂的捐款。我本人身穿带花边的匈牙利式博奇考伊礼服出席仪式。这荒谬极了，但显然任何人都没有意识到。但这不是我想谈的……

不是。你刚才在谈一名英国船长。

关于霍恩布洛尔船长，他先是一艘护卫舰的指挥官，后是一艘战列舰的指挥官，他和自己的战舰参与了针对拿破仑的海上封锁。他是一个神奇的

---

① 帕戈（Pengő），匈牙利的旧货币，在1927年1月21日到1946年7月31日流通，后被福林取代。

"

人物：受自卑感折磨，经常性地怀疑自己的能力，爱上了高不可攀的芭芭拉女士（我爱上了茹日：如果她的脸转向光源，细腻柔软的绒毛就会出现在她的嘴唇上方——这让我疯狂！）；对于匈牙利男孩来说，在习惯了托尔迪[①]、胡尼奥迪[②]以及约卡伊·莫尔[③]笔下的主人公们无可挑剔的英雄主义后，船长是一个相当令人困惑的人物。他是一个爱犯错误的人，但最终赢得了战斗，他是篡位者和科西嘉的暴君——这是书中对拿破仑的称呼——的死敌。在这里，只有傻子想不到希特勒，他将被盎格鲁-撒克逊国家的力量击败，因为它们具有独裁者不具备的特征：承认人性和弱点，而这可以成为令人难以置信的力量的源泉。

你称这本书为慰藉，你"生病的心灵"的慰藉。

是的，我认为，我当时的心灵生病了，当然，困

[①] 托尔迪·米克洛什（Toldi Miklós，1320—1390），14 世纪匈牙利的传奇英雄。
[②] 胡尼奥迪（Hunyadiak），在中世纪匈牙利王国历史上发挥重要作用的家族成员，胡尼奥迪·亚诺什和他的儿子胡尼奥迪·马加什，前者 1446 年至 1453 年担任摄政王，后者 1458 年至 1490 年为匈牙利国王。
[③] 约卡伊·莫尔（Jókai Mór，1825—1904），匈牙利小说家。

扰我的不仅仅是青春期的危机。我不喜欢我周围的环境，不喜欢自己，不喜欢学校，不喜欢任何人、任何事，就连早晨我也不喜欢起床。我也不喜欢我们在鲍罗什街上的住宅。你知道，布达佩斯的住房短缺始于战争时期，"分割式住宅"就是那个时候被发明出来的，即把一套建造得很好的住宅改造成两到三套糟糕的住宅。比如，我们的住宅就没有前厅，你从房子里的圆形走廊立即就跨入了房间，出于某种神秘的原因，我觉得这是灾难。我的继母鼓励我邀请朋友来家里是徒劳的，我担心他们从走廊径直跨进房间时会捧腹大笑。顺便说一句，在这个房间里有一件叫"白天当沙发晚上当床"的笨重家具，就是我睡觉的地方。我的父亲和继母睡在里面的房间。那里有一只古董钟表，它严丝合缝地嵌在装饰着瓷器的专用"玻璃陈列柜"上。这只钟表每半小时"敲击"一次，每个整点就响起大本钟的敲钟音乐。有时，我醒得早，我就焦急地等待着钟表的敲击声。如果只敲击一次，我就无法知道是几点钟，必须等待大本钟的敲钟音乐。一次、两次、三次……六次，不，可恶的钟表还敲击了一次，七点钟了，我必须起床。我默默地躺在床上。两三分钟后，我的父亲就从门外开始呼唤我。他叫我的名字，声音越来越大，然后是：伊姆雷先生！埃梅里希！埃梅里克！我绝望地爬下床。我的任务是把一壶用来冲普兰达茶的水放到煤气炉上。童年真苦。

那时，你已经上中学了。

正如我提到的，我上鲍尔乔伊街的毛达奇中学。大约在20世纪90年代中期，当我的几本书在德国出版时，一位德国电视台的记者到我布达佩斯的家中拜访。除其他事项外，他还想参观这所学校，即我完成中学学业的"母校"。那是一个炎热的夏天，正值假期，学校里正在进行某种形式的改造工作。在入口楼梯的顶端，匈牙利公共建筑物的标志性人物迎接我们——一位清洁女工，一只手拎着水桶，另一只手拿着扫把。"你们没看见我们正在施工吗?!"有人朝我们大喊。此人最终把女校长给我们找了出来。她也不怎么友好。"您在这里上过学？作家？您叫什么名字？我从没听过您的名字。一些著名作家在这里上过学，他们总是把自己的新书寄给学校。您寄书了吗？""不，我没寄。"女校长说："您看见了吧。"

当然,这位德国新闻记者一个单词也听不懂,他变得越来越紧张,用德语问道:"他们是想说他们不认识凯尔泰斯先生吗?"无可置疑,这里没人认识凯尔泰斯先生。但是,他们也不记得学校里设置过犹太班级。我们从1940年到1944年的学生名单——女校长说——也都丢失了。我说,这真有意思。我们离开了。

老实说,我也没有听说过"犹太班"。我不知道孩子们因为宗教原因而被分开。

因为种族原因。第一部针对犹太人的法律于1938年颁布。要么是这部法律,要么是下一部法律恢复了1924年中止的入学限制条款。这意味着高等学校只能按照犹太人占全国人口的比例录取犹太人或"准犹太人"学生。如果我没记错的话,当时的比例是百分之六。所以,每一百名学生中可以有六名犹太人。现在,在一些国立中学设置犹太班级,与其说是劣势,不如说是优势,不管这种说法听起来是多么不舒服。因为在指定的学校中——从1940年开始——每年可以开设一个由四十名学生组成的犹太班。这些是B班,而上A

班的都是血统无可挑剔的孩子。要进入 B 班，你就必须携带小学的全优证明。现在你判断一下，这是多么愚蠢的事情：他们给被鄙视的人种中的精英设置了一个班级，而非犹太孩子不管学习好坏都是受益者。为了教犹太班级，最终老师们在暗中展开竞争，这难道不是奇迹吗？

你体验过老师对你们犹太班的歧视行为吗？

说实话，没有。唯一一个有箭十字党倾向的人是一个叫乔尔包的体育老师……我又开始讲无趣的逸闻趣事了，就像前线老兵一样（这是豪尔赫·森普伦[①]的用语），我根本不喜欢讲。

我更是如此，因为我们几乎没有这个时代的文学记忆……

的确如此，这足以令人惊讶。关于 1940 至 1945

[①] 豪尔赫·森普伦（Jorge Semprún，1923—2011），西班牙作家。

年这个时期,我首先想到的是马洛伊·山多尔[1]的书,然后是圣库蒂·米克洛什[2]录在磁带上的回忆录,他的回忆录以别致的《琐事和宗教信条》为题出版。还有豪姆沃什·贝洛[3]的《狂欢节》……对吧?你还要补充什么吗?

《布达佩斯之春》。

我们可以把它忘掉。

切赖什·蒂博尔[4]的《寒冷的日子》。

是的。

塞普·艾尔诺[5]的《人味》。

---

[1] 马洛伊·山多尔(Márai Sándor,1900—1989),匈牙利作家,1957年加入美国籍,1989年自杀。
[2] 圣库蒂·米克洛什(Szentkuthy Miklós,1908—1988),匈牙利作家。
[3] 豪姆沃什·贝洛(Hamvas Béla,1897—1968),匈牙利作家。
[4] 切赖什·蒂博尔(Cseres Tibor,1915—1993),匈牙利作家。
[5] 塞普·艾尔诺(Szép Ernő,1884—1953),匈牙利诗人、小说家、剧作家。

是的。

德里·蒂博尔[①]的《我对黑社会的记忆》。

我们可以把它忘掉。

你是不是有点儿轻浮？德里·蒂博尔依然是……

当然，当然。你瞧，我不是裁判官，我甚至不喜欢文学经典，更不用说文学术语了，我总是根据自己的口味随意选择自己的读物。当时，我也尝试过德里·蒂博尔的书。这是很久以前的事了，也许不是真的……

你的这一尝试显然发生在第二次世界大战之后的时期，尽管我对你当时的读物感到好奇，但还是让我们按照时间顺序来谈吧。比如，你几乎还没有谈到你的父亲。

---

① 德里·蒂博尔（Déry Tibor，1894—1977），匈牙利作家、诗人。

我的父亲是一个可爱、清瘦、英俊的男人。他长着一张黎凡特人的脸。他那乌黑的卷发根本不听梳子的使唤。他曾是一名战士,在某个遥远的战场上进行过不屈不挠但我却不甚了解的战斗。这些战斗大多以失败告终。在与母亲短暂的共同居住期间,我自己也能多多少少地察觉到这一点。人们都喜欢胜利者,而加图①却喜欢失败者。这个拉丁人说:喏,孩子也是如此。父亲在我母亲面前遭受的失败完全赢得了我的心。这种矛盾心理后来也伴随着我。我们继续谈我的父亲吧。从日常的斗争中回家后,晚上他会抱怨自己的烦恼,抱怨胃痛。为了站稳脚跟,他必须增加体重。有时候,他会取出用来过冬的装鹅油的搪瓷罐……你知道那是什么吗?你见过搪瓷罐吗?

你想的是蓝色的或红色的可用带扣关闭的带盖大搪瓷器皿……

我想的是蓝色的搪瓷罐。我们的搪瓷罐是蓝色

---

① 加图(Marcus Porcius Cato,前234—前149),罗马共和国时期的政治家、演说家,也是罗马历史上第一个重要的拉丁语散文作家。

"的,里面放着"炼过的"油脂,它被一起炸过的辣椒染成淡红色,里面也有褪色的洋葱圈。我的父亲像成吉思汗那样用汤匙吃这种油脂。他非常喜欢可可奶和烤蒜蓉面包——当他住在特默街时,这就是他的周日早餐。我的祖母把早餐给他端到床上,他用健康的牙齿咔嚓咔嚓地大口吃起来。我——一个四五岁的男孩——坐在他的旁边,享受着咔嚓咔嚓的响声和把床、房间淹没的大蒜气味。在理发馆,当他的蓝胡子被刮掉时,我目瞪口呆地看着他,只见剃须刀发出沙沙的声音。他把头往后仰,刀刃刮在他的脖子周围。他的喉结巨大,在剃须刀下上下移动。我屏住呼吸,注视着事态的发展。每个星期天的上午,他都带我去散步。我们步行到八角广场,然后再返回。散步过程让我产生怀疑:我无聊、眩晕,星期天有许多人,行人让我麻木,星期天的人真多。当时的布达佩斯是一座美丽的城市,今天也是美丽的城市,但那时也是干净的。还有星期天的优雅!女人的帽子!城堡里的警卫换岗!多瑙河的步行长廊!春天,我的父亲带我去坐索菲娅号游轮,我冲上去占"船鼻子"里的座位。我的父亲从衣兜里掏出一个小棋盘,把带手柄的小棋子摆放到方格里。几乎每走一步,都有某种惊喜等着我,每个街道拐角处都有冒险活动等着我。每个星期天,环路上会出现一名牵着牛头犬的男子。他优雅地散着步,用多条绳子牵着五六只一模一样的牛头犬,这些一模一样的牛头犬的嘴里都叼着一支烟斗。当时的布达佩斯就有这样的奇特人物。"三明治人"①迈着缓慢的步伐从我们身边经过。在巴黎大百货商店的橱窗里,一位戴着白帽子的厨师把平底锅里的煎饼抛向空中。他接住了所有的煎饼并将其煎熟,花十菲勒②就能买一张煎饼。但我父亲的身上并不是总有十菲勒,这个时候,我就心生不满。"我没钱。"我父亲说,"商店停滞不前。"这是压倒性的理由。另外,我也听不懂,商店本来就在花环街,它还能够去哪儿?

假如你在《无命运的人生》中写的内容是准确的,那么他是一个木材商。

相当准确。在宽敞的地下室里,木材堆按照一定

---
① 三明治人,指扛着广告招牌的人。
② 菲勒(Fillér),匈牙利辅币,一福林等于一百菲勒。

的顺序排列着。陡峭的楼梯下有一个明亮的玻璃屋,这就是"办公室"。但在《无命运的人生》中,我把档次提高了一点儿。我在书里写了一个资产阶级家庭,尽管我们应该属于下层中产阶级,即小资产阶级。我的父亲甚至无力支付商品的进货费用,他从批发商高隆博什先生手里拿到木材,条件是要向对方支付"佣金"。对方的木材场设在新佩斯的某个地方。有一次,我的父亲去那里参观,他把我也带去了。那是一片巨大的露天场地,在一望无际的木材堆之上飘荡着丝丝缕缕的雾霭。当时可能是秋天,秋天的颜色和高隆博什先生的颜色是一样的,因为高隆博什先生是由各种深浅不同的灰色组成的:他的西装是灰色的;他戴着鸽子灰颜色的帽子;他绑着灰色的真正的护腿,其侧面有小纽扣;他的眼睛也是灰色的;他精心修剪的漂亮的唇髭也是灰色的。不知道他是从哪儿搞到的,他身上总有夹心糖果或硬糖果,他就像一个男人给另一个男人香烟或雪茄那样给人糖果;他也像男人和男人握手那样与我握手,没有任何屈尊的微笑或手势。我想,他在帮衬我父亲的生意,尽管我不知道任何确切的事情。反正,假如我听到"生意"这个词,我就打寒战。

为什么？

它有不祥的含义。要么"不顺利"，要么给我的父亲造成"麻烦"——总之，只要听见"生意"一词，我就感觉大事不妙，忧郁的情绪就会占据上风。

胥特先生在这里面起了什么作用？

他什么作用也没有起。胥特先生是小说里的人物，他在现实中不存在。在现实中存在过的是皮什陶叔叔，我父亲把他称为"那个人"。假如"货物"来了，"那个人"就去帮忙——也就是说，假如从批发商那里运来的木板到了，他就必须从马车上把这些木板卸下来搬进地下室。在其他时候，"那个人"把木材废料搬进住宅里，我们用它来做瓷砖炉的燃料。但这又是逸闻趣事了，一点儿趣味也没有。

对我来说，凡是能更好地说明你与父亲的关系的事情都是有趣的。在你的小说《给未出生的孩子做安息祷告》中，关于他，你写了一些可怕的事情。

"

人对自己的父亲永远都不公正。我们必须反抗某人,以便为我们遭受的苦难和我们的错误辩护。有一次,我去了布拉格……

你别生气,但这是逸闻趣事。你现在不要用去布拉格来逃避问题……

因为在那里我看见了卡夫卡的父亲的照片。

然后呢?

他是个帅气的人。他有一张富有同情心的脸。你读读《致父亲的信》。

现在,我更愿意引用你的《给未出生的孩子做安息祷告》里的内容:"在我们的父亲和上帝面前,我们永远是罪人。"然后:"我需要一个暴君来恢复我的世界秩序……而我的父亲从未尝试用另一个世界秩序代替我的篡夺者的世界秩序,比如用我们共同的无助的世界秩序……"还有:"对我来说,奥斯维辛在父亲的形象中出现,是的,父亲和奥斯维辛这两个词在我的心中产生同样的回声……"

够了！够了！你瞧，你现在引用的是一部小说，而在小说里一切都进行了极端化处理。叙述者夸大其词，但由于它是一部小说，为了夸张，就必须对每个人物进行扭曲。另一方面，如果你真的深入思考，你就会知道，艺术不过就是夸张和扭曲。家庭冲突由此而来。比如，托马斯·曼因在《布登勃洛克一家》中描写某些家庭成员而受到严厉谴责。

这次你无法说服我。我感到所引用的文字背后是痛苦的现实，真正的怨恨。

人总是怨恨自己的父母。

如果是这样，你是怎么想的，为什么？

除了个人动机外，也许是因为父母把他带到了这个世界上，但也使他濒临死亡。

这不是猜测吗？我认为，有这种想法的人不多。

然而，弗洛伊德告诉我们，我们也有一个潜意识的思想世界。

让我们回到细节上吧。比如，你在随笔《布达佩斯——一个多余的告白》中写了一个情节：一天晚上，你和你的父亲一起回家——请允许我逐字逐句地读出来："从环路方向传来一阵混乱的尖叫声。我的父亲说，这次我们不走平常走的路，而必须绕一点儿道回家。他领着我几乎是跑在黑暗的小巷里，我不知道我们要去哪里。尖叫声慢慢地留在了我们身后。我的父亲解释说，附近的电影院正在放映德国电影《犹太人苏斯》，而从电影院出来的人群正在寻找路人中的犹太人，并对他们进行大屠杀……那时我只有九岁，还从未听说过'大屠杀'这个词……但（我的父亲）颤抖的手和他的举止出卖了这个词的本质。"既然你已经提到了弗洛伊德，那么这个噩梦般的情节就带有某种不言而喻的含义和某种责备……

这不是毫无根据的评论。出身始终是一个复杂而神秘的问题，在童年的早期就开始引起我的兴趣了。每个孩子都在想：假如……将会怎样。比方说，人们在跟我说话，可假如我不是我，而是比方说……

王子……

或者乞丐。或者既是王子也是乞丐。

马克·吐温的书可能对你产生了强烈的影响，因为你在《无命运的人生》中也引用了……

如果现在我们剖析的不是我，而是你，那么很快就会发现，你正在逃避一个问题，这个问题——可能——我从未澄清过。你挑选的这个情节很好，所有实质性的东西确实都在里面：威权主义的父亲形象在受惊吓的小男孩面前轰然倒塌，但大人们继续让他远离深渊的边缘，而不是一起向下看并评估其深度。然而，大的问题是，我的父亲本人是否曾经俯视过这个深渊。我不知道他是否有罪恶感，因为他把越来越不吉利的遗产传给了我，坦率地说：因为他给这个不友好的世界生下一个犹太孩子。我敢肯定，他从来没有把这件事说出口；但这不可能使他消除潜意识里的内疚感,也许他正用看似无可辩驳的权威对其进行弥补。这样,我就——可以这么说——被命令接受自己的犹太人身份,而不是说服我接受现实。两者的差异可能很小,但意义重大。我没有必须承担的责任,这样就被剥夺了责任感。由于我的犹太人身份,我顶多只能不安分,只能喃喃自语,或者只能梦想某种不那么令人作呕的境况。另外,我认为,那些后来以犹太人自我憎恨的形式达到高潮的心理冲突就是这样形成的;这种类型主要在公民化的东欧犹太人中广为人知,其典型的、受过教育的代表是奥托·魏宁格,甚至还有路德维希·维特根斯坦本人。他们的例子很好地表明,哲学才能本身并不能防范谬见,而是恰恰其反。这是一个严重的问题,在其压力之下,许多人已经崩溃了,或者相反,他们变成了好斗的坏人。

你仍然找到了其他的解决方案。

我不这么认为。这里没有解决方案,问题永远如影随形。说实话,我顶多屈服于诱惑。但要做到这一点——假如允许我使用极端的措辞——我需要奥斯维辛。我们就不能谈更令人愉快的事情吗?

但这需要一段更令人愉快的人生历程……

总而言之，我站在愉快的一边。我的错误是，我没有让别人产生这种感觉。但你看：我足够早地获得了精神自由，从那一刻起我决定写作，我可以把自己的忧虑同时视为我的艺术的素材。假如这个素材看起来足够阴郁，形式可以拯救它，并将其转变为快乐。因为写作只能依赖丰沛的能量和快乐；作品——这不是我想出来的——高于生活。

然而，正如你所说，你以遭受痛苦为代价而获得了这份快乐，现在我更清楚地看到了你与父亲的关系：简而言之，这种关系并不以坦诚为特征。

是的，毫无疑问，我们彼此都对某件事情保持了沉默：我的父亲没有说他帮助我来到这个世界上需要面对什么样的命运，而我也没有说我不接受这个命运。但我们谁都不知道这个事实，只是觉察到了结果，这是苦涩的。我的反抗是显而易见的，我的心中产生的是距离，而不是团结。我提到过，我不喜欢自己扮演这种破坏性的角色。我愿意当一个随遇而安且无忧无虑的小男孩、好学生，做一个问心无愧、诚实、勤奋、可爱的人。然而，如果我尝试这么做，我就会对自己感到厌恶。尽管我很早就学会了说谎，但我却没有能力做到自我否定。现在，我把这个说出来，我对我的父亲充满了无尽的爱——这个可怜的人不可能明白为什么他和我相处如此困难。

你好像想把自己描绘成一个阴险、脾气暴躁的孩子……

我绝不是脾气暴躁之人，我很容易结交朋友，每次胡闹、每次大笑我都参与。只有当我的处境迫使我时，我才变阴险。我说过，我不了解自己的问题，关于这一点，今天我想自以为是地说，在半法西斯的匈牙利存在犹太人问题的内在化。

这种"情况"是否也给你与母亲的关系投下阴影？或者，也许你可以更加坦诚地与她交谈？

我的母亲对犹太人的问题根本就不感兴趣，除了……怎么说呢……技术层面以及后来出现的生命威胁之外。我的母亲是一个享受生活之人，一个真正的美食家，在这种情况下，她不允许自己受到几名反犹太者的打扰。她远离宗教以及冥想、信仰、亲密、崇敬、灵性等。无论如何——因为她的朋友们给了她这个建议——她在20世纪30年代末皈依了某个其他的教派，如果我没记错的话，也许是加尔文教派，但这只不过是形式而已，后来——事实证明，这并没有保护她免受伤害——她就对其敬而远之了。她和我的父亲离婚了，但过程很艰难。当时，离婚与烦琐的法律规定联系在一起。比如，必须明确离婚是丈夫或妻子的过失导致的，而我的父亲提出的条件是，离婚是由我的母亲的过失导致的。这意味着我的母亲必须放弃对儿子的各种权利，并且必须就"探视权"达成一致。这一切都发生了。此后，我每周见一次我的母亲，在放假期间每周见两次。离婚后，她最初住在潘诺尼亚街的一个客栈里，我认为这是一个非常高档的地方。后来，我的父亲结婚了，与此同时，她也嫁了一位家境优越的先生，他叫谢雷什·拉斯洛——对我来说，他叫洛齐或者洛齐叔叔。此人矮胖，衣冠楚楚，已经谢顶。他是一个有魅力的人，我认为，他是我的母亲一生中唯一的真爱。他是一家大公司的领导——这是当时的称呼——直至根据犹太人法律被迫退休。当然,我并没有同情他,随着时间的推移,我对他的厌恶情绪不断下降,原因很简单,就是他从未尝试赢得我的心。一般而言,在处理离婚给我造成的尴尬处境方面,我的母亲和继父比我的父亲表现得更优雅一些。我的父亲——考托阿姨把他支使得团团转——作为失败者出局,但讽刺起人来却毫不含糊。比如,每个星期谢雷什·洛齐都会给我一枚漂亮的五帕戈银币。"你告诉那个圆脑袋,你的手头没那么紧!"我的父亲鼓励我说。这当然不能证明我的父亲更慷慨,但至少拉近了我与父亲的距离;你记得加图吧?他喜欢失败者……

我们是否可以说,你有两个独立的世界,而你必须在两者之间保持平衡?

情况的确如此。为了更好地说明情况,我举一个例子:我的母亲和继父在布达安了家,他们在玫瑰山的山脚租了一套住房。当时,住在布达算是一件奢侈的事情。战争的前景以自相矛盾的方式带来了建筑业的繁荣。在扎尔道街(今:罗默·

弗洛里什街）和雷雨街，人们修建了成排的房屋。我喜欢我的母亲和继父在雷雨街小小的现代化住房。楼梯上仍然能闻到新采用的建筑材料的味道，明亮的厨房的窗户朝向古特街瑙尔道伊餐厅的花园。每天晚上，刀叉微弱的碰撞声、谈话声、笑声和吉卜赛音乐从挂着灯笼的花园里传到楼上。几十年后，马勒的《第九交响曲》对我的人生产生巨大影响，当第一乐章里的怀旧主题——这个普鲁斯特式的旋律——突然用一把小提琴奏响时，我总是想起瑙尔道伊的吉卜赛音乐。你知道，即使在今天，我依然相信，这种氛围可能是马勒担任布达佩斯歌剧院首席音乐总监时，从他常去的一家餐厅带走的。总之，你是对的，我的父亲和母亲在我的人生中代表了两个独立的世界。我从遥远的鲍罗什街来到我的母亲那里后，大多数情况下我都得把衣服脱掉，换上适合母亲品位的更优雅的服装。在闪闪发亮的浴室里，她给我洗澡，用泡沫洗发水给我洗头。在这个安静的时刻，她以非常健谈的方式让我感受到了她对我父亲一家人的看法；总之，这至少和我忍受我的父亲的苛刻言论一样令人难堪。

所以，你过着双重生活，而两者相去甚远。你没有陷入身份危机吗？

没有，更何况是因为我没有身份。我也不需要它——我能拿它干什么呢？我需要的是适应能力，而不是身份。而且，这种双重生活比我在鲍罗什街的单调生活更有趣。然而，在雷雨街，谢雷什·洛齐的强势让我感到不自在。他是个聪明人，我发现他并不怎么看得起我。我能想象得出，甚至我能理解，我的母亲在前一次婚姻中生的孩子可能会干扰到他。这个来自陌生世界的孩子每个星期都出现在他的面前，毁掉了他的下午时光。然而，只有我们两个人知道我是多余的，我的母亲什么也没觉察到。这就好像是为了我的母亲，我们两个人默默地结成了同盟，有时候这几乎导致相互间出现亲切感。这是可以过的生活。这里有我妈妈在时才能一起玩的独家游戏，这里也有我的书，我只能在这里阅读。

1944年夏天，你是怎样进入壳牌石油精炼厂的？

可以说，是以自然的方式进入的。你显然听说过莱文特运动[①]。喏，1943年我正读中学——我是三年级——这看起来还是某种简单的闹着玩的组织。在学校的操场上，每周需要列队一次，由前面提到的体育老师乔尔包监管。这个时候，B班的学生，这么说吧，他们接受了关于奥斯维辛的入门教育。当然了，当时不这么叫。我承认，也许就连体育老师乔尔包也没有完全认清现实，尽管他本该彻底思考其工作的逻辑会导致什么结果。请允许我引用《审判》中我最喜欢的卡夫卡的句子："判决不是立即发生的，诉讼程序本身慢慢地就变成了判决。"恐怖体系在德国蓬勃发展，在匈牙利——在德国占领之前——则是神秘莫测。但是，进程已经开始，并且肯定沿着指定的路径前进。B班的学生在莱文特教育课堂上戴着由母亲——或者阿姨，或者女佣——在家里缝制的黄色臂章，知道自己被称为"接受辅助训练的青年"，然后大笑着与伙伴们讨论这个短语，好像它难以理解而且是真的好笑。这个时候，体育老师乔尔包戴着一种军官帽，神气十足，他大喊："辅

---

① 莱文特运动，匈牙利准军事青年组织，20世纪20年代初成立，直至第二次世界大战结束。

助训练排,列队集合!"必须认真对待莱文特教育,因为它是强制性的。在德国人占领的匈牙利,学校提前放暑假后,所有十四岁以上必须接受莱文特教育的"年轻人"都得有官方认证的工作单位。我收到区政府的一份通知,要求我要么自己选择一个工作单位,要么由他们指定一个工作单位。我选择了后者,获得去壳牌石油精炼厂的机会。其余的事情你都知道了。我希望我不必重述我被捕的故事、宪兵、制砖厂……

从《无命运的人生》中,我们知道了这一年发生的故事……

……也许我们应该重新开始聊虚构和自传体小说之间的区别……

不,我不想聊这个话题。我只想问一个问题,无论如何都要问。总之……我该怎么开始呢……柯韦什·捷尔吉与当时的你相似度有多少?还有:在我们这次谈话过程中揭示出来的不幸的童年、缺少任何亲密关系且疏离的生活状态,对于你,即凯尔泰斯·伊姆雷的幸存,起了多大的帮助或者阻碍作用？

这是个很好的问题。值得思考，尽管我觉得我一直都在思考这个问题。你的问题使我想起了让·埃默里的一篇随笔，他在这篇随笔里沉思：文化、教育是否对奥斯维辛集中营里的知识分子起到了帮助作用。他得出的结论是否定的，甚至受过教育的人比普通的没有受过教育的人在死亡集中营里的日子更难过。现在，这实际上可能是正确的。然而，如果——恰巧我们拥有文化——我们更加仔细地思考奥斯维辛、死亡集中营的建立及其维护，那么我们就会发现这些机构的必要性。是的，如果你回顾一下欧洲历史的某个脉络，如果用你后来学到的知识来分析一下，数百年来人们在想什么、做什么、如何生活，那么为消灭欧洲犹太人而产生的死亡机器并不会让人非常惊讶。

你是想说奥斯维辛是……致命的和合乎逻辑的后果。

我不是这个意思。奥斯维辛在哪里开始，逻辑就在哪里结束。但是，某种思维的强迫性走到了前台,它与逻辑非常相似,因为它对人起引导作用,只是并非通过逻辑路径。现在,我正在寻找这根线,即这个相似的思路,它以胁迫的方式把荒谬显示为逻辑,因为在奥斯维辛的陷阱中,我们别无选择。可以说,生活已经预先让我们练习过这种思维方式,而我们也是生活中活跃的部分。

你在《惨败》中就是这么写的,你写道:"在针对我而编织的不声不响的阴谋中,我是一个不太努力的、并不总是无懈可击的进步成员。"

完全正确。我不知道我是什么时候第一次想到某种可怕的错误、某种邪恶的讽刺需要在世界秩序中存在,而你却将其作为普通的、正常的生活来过,这个可怕的错误就是文化本身、思想体系、语言以及晦涩难懂的概念,以至于你早就成了为毁灭你自己而制造的机器上的涂了润滑油的零部件。幸存的秘诀是协作,但是承认这一点会给你带来耻辱,以至于你宁愿拒绝而不是自己承担。但是,这个我们现在就不讨论了。然而事实是,当我理解了这一点之后,我的观点发生了变化。作为虚构,我能想象一个这样的小说人物的语言、性格和思想世界，但是我再也无法与之成为一体了；也就是说，我想说的是，在创造这个人物时，我忘记了自我。因此，我无法回答你的原始问题，即这个小说人物和以前的我自己有几分相像。显然，他更像是写他的那个人，而不是亲身经历的那个人——从我自己的角度来看——事情如此发生，真是太幸运了。

因为这样你就摆脱了噩梦般的记忆？

是的。我仿佛蜕掉了自己的皮，然后把另一张皮披到自己身上，但又没有把前一张皮扔掉，也就是说，我没有背叛自己的经历。

我们向前迈了数十年，但我觉得，我现在应该提醒你回忆2003年的一次采访，在那次采访中，你声称自己写的《无命运的人生》讲述的是卡达尔时期的制度，此事引发了许多争议。许多人声称，你背叛了大屠杀。

这个争论和对"大屠杀"一词肆无忌惮地使用一样无知和无能。人们对已发生的事情不敢用它的通俗的名称来称呼——比如，不用劳尔·希尔贝格的伟大著作的名称"欧洲犹太人的毁灭"来称呼——而是找到一个对其内涵不甚了解的词语，但却在我们的概念意象中为其建立了仪式化的现已坚不可摧的地位，然后将其作为护家犬加以保护。不管是谁接近并想动一下它，都会遭到攻击。我从未像其他人那样把《无命运的人生》称为大屠杀小说，因为所谓的大屠杀是无法写进小说里的。我写的是一种状态，尽管这部小说试图将死亡集中营里难以言喻的经历塑造成人类的经验，但我首先关注的还是生存和幸存的道德后果。所以，我选择了《无命运的人生》这个名字。我在哪里发现死亡集中营的经历具有普遍性，这种经历就在哪里变成了人类的经验。这就是无命运，这就是独裁的特定特征，自己的命运被剥夺、被国有化并被变成群体的命运，人类最纯粹的本质被剥夺。这部小说诞生于二十世纪六七十年代，什么样的小说不承载时代特征、语言和思想世界等内容呢？为什么认为卡达尔时代不是独裁统治呢？那个时代是不折不扣的独裁统治，而且在奥斯维辛之后，每一个独裁统治里都隐藏着虚拟的奥斯维辛。只不过在匈牙利的政治狂热者中，识别并承认这一事实会被当作丑闻。我并没有说大屠杀和卡达尔时期的制度一样；我只是说，在卡达尔时期的制度中，我清楚地理解了奥斯维辛的经历，而如果我成长于民主制度之中，我永远都理解不了它。这个我已经说过无数次了，记忆的力量类似于某种普鲁斯特式的威化饼，其意想不到的味道唤醒了人们对过去时光的记忆。对我来说，这个威化饼就是卡达尔时代，这唤醒了我对奥斯维辛的味道的记忆。

请允许我发表一句评论：你也是在广义地使用奥斯维辛这个词，那么你对大屠杀这个词有何异议呢？

在意大利哲学家吉奥乔·阿甘本的著作《奥斯维辛的残余》中，我发现作者用完美的措辞写出了我的本能的反对意见。他写道："大屠杀这个不幸的术语源于无意识的需求，以便无缘无故地获得死亡证明，赋予看似完全没有意义的东西以意义。"他还谈到了该词的词源，究其实质，这是一个古老的词汇：在古希腊语中，holókau(s)tos 最初是一个形容词，意思是"全部焚烧的"；后来，

> 这个词的含义的演变史把我们带入早期教会作家的词汇世界，也许我们现在还是不谈这个话题为好。对于我来说，我使用这个词，是因为人们使它变得不可避免，但我认为，它是委婉的说法，它是怯懦的、缺乏想象力的宽慰。

根据以上的阐释，该词实际上仅适用于那些被焚化的人，不适用于死者、幸存者。

的确如此。正如让·埃默里恰当地指出的那样，幸存者是例外，其存在的确是死亡机器发生故障的结果。也许这就是为什么他们难以接受幸存所意味的异常的和不规则的存在。

但是，你在集中营里看到的并非如此。我提醒你回想一下你就信任所发表的言论：这种信任帮助你最终死里逃生。

这是另一个视角。信任是存在的，但巧合也是存在的，我甚至现在也不敢进行彻底思考，因为这其中隐藏着可怕的诱惑……

信念的诱惑、天意的诱惑……

绝对是解释的诱惑。所有的解释的诱惑。我一下子想不起来是哪位作者写的：当他抵达奥斯维辛时，一名党卫军士兵告诉他："这里没有为什么……"

这出自普里莫·莱维的回忆录《这是不是个人》。你别生气，但关于为什么，我现在还是得向你提问。

我希望我不能回答你的问题。因为假如我能的话，这就意味着我理解了某种超越智力极限的东西。另一方面，这是真的，智力之所以存在，就是为了让我们去尝试使用它。

这意味着我可以问我的问题了？

你问吧。

你在《船夫日记》中提到，在不破坏小说清晰、合乎逻辑的结构的情况下，把幸存的单纯事实嵌

"

入小说并非易事。这就是说,一直到布痕瓦尔德的"把人当垃圾"为止——我引用你的令人毛骨悚然的原话——情节线都没有出现中断,然而逃亡的"小说化转折"却造成了麻烦。关于这个话题,也许我们以后还会谈到;但现在你能否告诉我,在这一系列的事情中,虚构占多少,真实又占多少?

幸运的是,我无法回答你的这个问题。一系列的事情遵循真实性原则。我躺在混凝土上,有人走近我,粗略地检查我的反应,然后把我扛到他的肩膀上,此后发生的一切都与我的描述一致。但这句话已经远远超出可能的范围;虽然是这样发生的,我依然无法将已发生的事情解释为真实,而只能将其解释为虚构。正如我所提到的,从真实到虚构的转化发生在我开始写小说的时候。迄今的事实,如你所说:真实就像被闹钟的响声模糊了的晨梦一样在我心中默默安息。只有当你解释真实,或者当你试图拨开迷雾时,这个真实才会变成问题——在这一刻,你就会看到它的无能。顺便提一句,你不要以为我没有尝试去揭示这一系列事情的真实背景。我对"有被子的地方"

的真实材料最感兴趣。在布痕瓦尔德集中营的中央，怎么可能有一家医院，病人可以躺在那里的有铺盖的单独的床上接受真实的医疗护理？20世纪90年代末，我认识了布痕瓦尔德集中营纪念馆的负责人福尔克哈特·克尼格，他是一个非凡的人。我有经历描述作参考，关于这个医院本身，我能说出我躺过的房间叫"Saal Sechs"，即六号病房。然而，我们徒劳地询问档案、事实和我们掌握的所有材料，却没有发现这个机构的任何踪迹。但我们还是偶尔发现了它存在的间接迹象。布痕瓦尔德集中营的囚犯登记册上有一个所谓的"残渣废物"，而且"64921号匈牙利犹太囚犯凯尔泰斯·伊姆雷"死于1945年2月18日。这毫无疑问是有人把我从名单中删除的痕迹，这样一来，在集中营可能关闭的过程中，我就不会作为犹太人囚犯被杀掉。任何对集中营行政结构有所了解的人都知道，一个这样的登记信息的形成需要多人的秘密合作。这个痕迹使我更加好奇，但是我不得不忍受的是，自己的经历只是以某种梦幻般的记忆的形式唯独存在于我的大脑之中。然而，2002年冬天，我在斯德哥尔摩逗留期间，有一个人从澳大利亚拨通了正在酒店中的我的电话，

"

这是一位名叫库哈尔斯基的老先生,他阅读了最新的诺贝尔文学奖得主的小说,他在小说中非常兴奋地发现了自己:当时,在"有被子的地方",他躺在我上方的床上,他恰巧以真实的姓名出现在我的小说里。别提这个电话给我带来多么大的惊喜了。唯一的问题是,他只会说英语或者波兰语,我们几乎听不懂彼此的话语,因为我一点儿都不懂波兰语,而我的英语也只是非常初级的水平。因此,这个交谈就在洲际的某个地方中断了,这个几乎是超然的音讯留在了我的记忆里。后来,库哈尔斯基先生的兄长在柏林拜访了我,他和我合了几张影,但他没能提供任何信息。

有趣的故事……

有趣归有趣,只是假如我不是将其作为虚构的内容使用的话,现在我会发疯的。然而,这样它就完美地嵌入了小说虚幻的真实之中:柯韦什·捷尔吉可以把自己的逃亡归因于他不可理解的荒谬,就像他的死因也是他不可理解的荒谬一样。尽管可以给这两种情形都找到解释,但这些解释需要进一步的解释,一直到永远,或者如果你愿意的话，一直到历史、创世纪的开始。就我而言，作为经历了所有这一切，但同时又将这些经历作为小说素材的人，我在虚构与被称为真实的事实之间愉快地消失了。

你继续朝下一部小说的方向走去……

是的，我的感觉是，我写了一部小说，但是我什么也没有解决。与从前一样，这个世界的奥秘现在依然是折磨人的荆棘。

我知道你不愿谈论你的集中营经历，但是你之前提到，更改你在布痕瓦尔德集中营的个人资料可能需要多人的秘密合作。这些人会是谁呢？

我不知道，我们花很多的时间研究布痕瓦尔德集中营的结构是否有意义。你瞧，有多少集中营，就有多少种类："univers concentrationnaire"，集中营世界就是如此。从某种角度来看——绝不是从我的角度来看——1944 至 1945 年，布痕瓦尔德集中营已经属于"温和的"集中营之列。这归功于戴红三角标记的政治犯同戴绿三角标记的罪犯持续多年的残酷斗争。这与集中营的内部管理有关：内部管理完全由囚犯进行，这样一来，谁拥有管理权，谁就拥有权力。由于"红色"囚犯比"绿色"囚犯更聪明、更灵巧、更有组织性，他们慢慢地就掌控了分配工作和处理运输的办公室。于是，他们慢慢地就摆脱了那些罪犯——把他们塞进前往附属集中营的人员之中，把他们分配到工作不舒服的突击队里——我们最好不要了解细节。这样，政治犯就可以做很多事情，而且他们也确实做了，他们首先为孩子们做事。在1944年为无名的匈牙利犹太群众开设的名叫"小营"的斑疹伤寒营里，等待这些孩子的本来是确定无疑的死亡。在运送人体残骸时，这些孩子长长的手臂可能已经触及坡道，他们从中营救了几名幸运的男孩，并把他们送进大营。

所以，当时对你来说看似如此不合理的事情，仍然有某种合理的解释。

今天看起来依然是那样不合理。假如我试图接受1944年初冬半死的我被扔在布痕瓦尔德混凝土上的水坑之中是合理的，那么我仍然不能认为正巧是我而不是别人从那里被救出是合理的。因为如果我把这个视为合理，那么我也必须接受天意的观念。然而，假如天意即合理，那为什么它不适用于死在那里的其他六百万人呢？

你不回避棘手的问题，这从你的作品中也可以看出来。但你怎么能忍受这些问题呢？

我就像玩家一样。我喜欢玩大赌注，随时准备输掉一切。如果我们反正都得死，那么我们就有权利甚至有义务去大胆地思考。

许多人都说，你的思维方式是悲观的。

我不知道这是什么意思。逃避终极问题不是乐观，而是怯懦。尽管我理解这一点，但是乐观主义者和悲观主义者一样，都会以同样的方式死亡。我们盲目地接受死亡，或者公开地面对死亡，实际上殊途同归。我更愿意面对它，因为对我来说，这意味着更完整的生活，最终意味着更多的快乐。随你怎么想，我是个享乐主义者。

而不是道德主义者。

绝对不是道德主义者。伟大的道德主义者的时代——蒙田的时代、拉罗什富科的时代等——早已终结。在奥斯维辛之后,判断人性不再是多余的。今天,道德主义者的道路导致群众运动,这不仅是有问题的,而且也是无聊的。我们不管他们了,让他们相信,存在一个没有死亡集中营的正义的独裁统治,那里的每个人都有义务感到幸福。在我眼中,幸福意味着别的,仅此而已。

那么正义呢?

真理不再是普遍的。这是一个严重的事实,我们必须承认。为我们自己挺身而出,这是最艰难的,而且一直如此。这正是道德主义者逃避的东西。我们的时代不利于个体的维护——我们更容易屈服于拯救世界的思想,而不是坚持我们自己的、一次性的和不可重复的存在。我们选择自己的真理,而不是普遍真理。但现在我们不要去深入探讨这一话题。

让我们继续按照时间顺序来谈吧。你还记得你是怎样获得解放的吗？

我把这个写进了《无命运的人生》。当时，我们过着相当密集的日子。每天都有要求犹太人去集合场地列队的命令声响起。死亡行军从营地出发，前往其他更遥远的营地。每天晚上空中都响起警报声，除了炸弹声，我们还听到了越来越近的炮火声。在最后的两三天里，党卫军的靴子在营地街道上砰砰作响，叫喊声、步枪声，声声入耳。最后，有一天中午，扩音器里响起了命令声：所有党卫军士兵"紧急"撤离营地。数小时后，从远处传来巴顿将军胜利的坦克的发动机的噪音。当天夜里，每张床上都飞来了一板好时牌巧克力和一盒好彩牌香烟。人们在厨房里煮了浓稠的土豆牛肉汤。我们贪婪地喝了汤，但油腻而难以消化的食物引起多人死亡。这一天是4月11日。在我的周围，人们都在喃喃地念叨着这个日期。迄今一直播放党卫军命令的大喇叭里开始转播英国广播公司的节目，节目中报道了魏玛附近的布痕瓦尔德集中营被解放的消息。在布痕瓦尔德听关于布痕瓦尔德的令人感动、令人震惊的报道是奇特的事情。回到人类世界是奇特的事情。其余的就已经是逸闻趣事了。

在《无命运的人生》中，柯韦什·捷尔吉敲响了弗莱什曼一家的门铃，要求归还自己的命运。

是的。事实与真相是：我也敲响了某个地方的门铃，但我不确定我以前的邻居是否真的叫弗莱什曼和斯坦纳。在鲍罗什街的住宅里，开门的是别人，这是我回到一个改变了的世界的序曲；我在门口看见的是一个陌生人，而不是我的父亲或继母，这个感受不啻于一次地震。

你为什么回到的是鲍罗什街，为什么不是雷雨街？

当我离开的时候，鲍罗什街是老样子。当我回来的时候，我还不知道父亲已经去世了。

没错。在小说中，你是从两个老人那里知道的。

是柯韦什从老人那里知道的。顺便说一句，我也是从住在房屋里的陌生人那里获悉这一情况的。

你和两个老人谈了很多吗?

这是虚构的。但也许我们真的就此交谈过。我已经说过,柯韦什·捷尔吉这个人物更像写他的那个人,而不像亲身经历过的那个人。对写他的人而言,处境、宣泄情绪的时刻是重要的,柯韦什不仅洞察而且也能够解释自己的命运,而这在小说中必须在两位老人眼前的小说地点和小说时间里发生。

我尊重你与小说人物保持距离,也尊重你显然更愿意躲在小说人物的背后,而不是由你来讲述回国后头几天发生在你身上的事情。然而,正如你之前所说,对你来说,世界可能已经发生了彻底的改变。

可恰恰是这头几天我不大记得了。我只留下了粗略的印象。比如,当我走出西火车站来到从前的柏林广场(后来叫马克思广场,现在叫西广场),阳光刺眼,在六路有轨电车的车站里,一个喇叭正在高声播放一首流行歌曲，开头是："你是夜晚的光……"在我的旁边，一位衣冠楚楚的人正向顾客兜售挂在他脖子上的托盘里的"玉米面烤饼"。我记得那些卖报人——当时人们管他们叫流动卖报人——正在大喊我从未听过的报纸标题。一般来说，头几天充满阳光，当时是夏天。我行走在一个陌生的世界里，自由的气息一下子扑面而来，尤其是在大街上。在住宅里，人们谈论着令人忧郁的事情，估量着自己的损失，并思考着他们眼前的不确定的未来。我对此不太关注。我记得布达佩斯-绍尔戈陶尔扬机械厂的办公室，在那里我令我的母亲感到惊讶。她的女同事们都跑了出来——我以前也认识她们——每个人都来拥抱我，每个人都非常感动。"我从集中营回来"的消息不胫而走。人们问了我不少愚蠢的问题。每天晚上，我都被痒醒，我简直难以忍受。我打开灯，以为有虱子在我身上爬，但不是虱子，我的身体被红色水疱覆盖，我得了某种过敏症。我的母亲带我去看工厂的医生，他——我今天也记得——是博克医生。他建议打钙针，当他握住我的胳膊并小心翼翼地把针扎进我的静脉时，我被他完全感动了——我已经不习惯人们这样对待我了。一言以蔽之，我完全被惊喜包围，后来日子慢慢地就恢复了正常。

你得知你父亲的死讯后是什么反应？

你提出了让我无法回答的问题。你在逼我说陈词滥调。

有可能，但我还是对此感兴趣。

也许你是对的。也许值得思考一下，假如我继续待在父亲的身边，我的人生会发生怎样的变化。

喏，会发生怎样的变化呢？

我认为，我会和他一样，只是以更多甚至更艰苦的斗争为代价。我的父亲显然会坚持让我拥有一份"体面的"职业，我则会陷入永久反抗的精神失常状态。但是，如果仔细想想，我可能会这样做：在没有父亲的情况下，我也会继续与父亲作斗争，在没有矮胖的他存在的情况下会引导我走向卓越。正如射出的箭直接偏离了目标，消失在了远方。

你别生气,但这是阿瑟·库斯勒[①]的比喻。他给自己的自传匈文版取了这个名字:《射向无限远的箭》。原始的英文书名更美:Arrow in the Blue……

谢谢你提醒我。这本书我当然读过,我的比喻可能是弗洛伊德的潜意识工作的成果。库斯勒也是佩斯的犹太人,他也与家人、资产阶级的生活方式以及自我做过斗争。

据我所知,政治"也禁锢了你的头脑",这次我引用的是切斯瓦夫·米沃什[②]的名著的书名……

当然。如果不是这样的话,那倒是奇迹了。从奥斯维辛回来之后,我跌入了一个有趣的社会,在这个社会的框架之中,我很快就不得不做出自己的第一个选择——比如,关于我是留在匈牙利还

[①] 阿瑟·库斯勒(Arthur Koestler,1905—1983),匈牙利裔英籍作家,他的作品关注政治和哲学问题。
[②] 切斯瓦夫·米沃什(Czeslaw Milosz,1911—2004),波兰诗人、作家、翻译家,1980年诺贝尔文学奖得主。

是离开这里；1946年至1947年，在"下午的社交聚会"上充满了此类争论，这些聚会在拥有较大住房但至少有单独房间的同班同学的家里举行，往往是以喝下午茶开始，以喝朗姆酒结束。此时，B班的旧秩序已经瓦解，我们的几个犹太朋友在战争中殒命、死亡，其他的人则没有返回学校。在拥挤的A班中，学生们要求转到B班，也有新注册的学生进入B班。世界变了。1945年9月的一个明媚的早晨，当我再次从环路拐入鲍尔乔伊街，以继续我去奥斯维辛之前中断的中学学业时，一个引人注目的场面展现在我面前：唇髭抖动、面色惊恐的体育老师乔尔包跑向环路，一群学生紧跟其后，跑在最前面的"帮派头目"挥舞着拳头大喊道："该死的箭十字党成员，你竟敢回到学校当老师？！"顺便说一句，这名学生后来成了著名的电影导演；20世纪90年代初，我们在一次招待会上互相介绍了自己，我向他提起了这个从前的场面；他惊讶地望着我，什么也想不起来。

真的吗？

我不知道他是否真的忘记了；无论如何，五十年之后，一个新的历史性转折之后，他没有承认自己的身份。但我认为，这一代人——我的这一代人——经历了太多这样的急转弯，以至于无法保持身份的连续性和不间断性。

你的身份的连续性和不间断性是否得以保持？

有时，我会用"是"来欺骗自己。但是，在其他的时候，当我回想起我的某些年龄段时，仿佛那是一个陌生人的经历，我的某些行为仿佛也不是我的所作所为。但作为作家，我一直在研究自己的身份，可一旦找到它，我便立即失去它，因为我把它转让给了某一部小说的主人公，然后我就可以从头开始整个过程。完全掌控自己并不总是那么轻而易举。"并非所有出生的人都在这个世界上。"索莫里·德热[①]在他的精彩小说《侯莱布老师》中说。

然而，你不仅在这个世界上，而且你还想拯救这个世界。你加入了政党……

---

① 索莫里·德热（Szomory Dezső，1869—1944），匈牙利作家、剧作家。

但不是出于拯救世界的目的。

也许是怨恨导致的？柯韦什·捷尔吉从布痕瓦尔德集中营回到国内，对于重新回到久别的家和城市有何感受这一问题，他在有轨电车上对记者回答道："憎恨。"

这是《无命运的人生》中一个最容易被误会的句子，我更想说：这是最被错误解读的句子。

那就让我们来澄清一下吧。

大可不必。假如一本小说里有那样的词语，这些词语作为滚烫的秘密继续藏在读者的心中，那么这是一件好事。

在《无命运的人生》中就有许多这样的词语。比如"幸福"，然后是"乡愁"……

词语仅因其内在性而获得其意义。其戏剧性的效果是由地点、时刻和懂行的读者的共情给予的。在一部小说中，某些词语改变了其日常的含义；

正如一座大教堂的建造虽然需要砖，但我们终究要欣赏的是在砖的帮助下成形的塔和建筑物。

因此，并非拯救世界的思想引导你加入了政党，也不是报复欲望……

我更愿意说：礼节。

礼节？我不太明白。

假如我谈"归属"的必要性，也许你就会更明白一些。人们觉得这是很自然的事情。我很快就认识到这种必要性欺骗了我，并使我坠入陷阱。我试图相信某种完全违背我的天性和生活方式的东西——实际上，对我造成烦恼的并非"我信仰"的对象，或者你所说的"世界的救赎"——而根本就是"信仰"和——我说不出别的——风格。因为很快就变得清楚，即使我试图闭上眼睛，从某种理论的角度解释这个世界，但徒劳无功，真相不断地摆到我的面前，这让我陷入尴尬的境地。起初，我只是用有充分根据的怀疑去面对，但是在所谓的"转折之年"——1948年——之后，恐怖降临，我惊讶地发现，我的热情导致我不可避免地站到了错误的一边。

这个认识让你感到震惊吗？它改变了你的生活吗？

我不这么认为。这么说吧，我只不过是回到了自己的位置上而已。我再次有了一种感觉，在这种感觉中，我认清了自己的人生，这种感觉在某种意义上引导我回家：这就是生命的无力感，是无能为力和无助的简单而不可否认的真相。在某种意义上，这是一种完全令人放心的感觉，后来它使我免于进一步的沉思和虚假的提问。

我试着想象你的话语背后隐藏着什么。一个去过奥斯维辛和布痕瓦尔德的十六岁男孩返回学校，准备毕业考试。还有噩梦在折磨……

我没有受噩梦的折磨。有时，我早上会因集中营点名的焦虑而醒来，但我该怎么说呢？我的"内在"时钟，这个神秘的心灵计时器很快就在我的体内就位。我从你的脸上看得出，你期待的不是这个。你想从我这里听到更病态的信息。

"

这次,我不太欣赏你的黑色幽默。假如你没有撰写著作的话,那么我会认为,你会低估你在死亡集中营里的经历的严肃性。

然而,我以此获得了做一个完全诚实的人的权利。你瞧,我们是现在交谈,而不是在1946年或1947年,这属于真理。也就是说,与此同时,我写了自己的书,这显然也改变了我的记忆。我可以说,我的记忆获得了不同的品质。也许——与经过的时间长短无关——它们都已褪色。但事实是,我后来当了作家,这本身就要求以特殊的天性为条件。我想,我与现实的代谢关系可能与其他人不同。那些折磨大多数人的难以理解的思想,在我这里突然被证明是一部小说的原始材料,随着小说的成形,我便摆脱了它。当然,这不是一种有意识的活动,在我的青年时代,它顶多只能作为本能在我的体内运作。假如六十年之后的现在回望我自己,我看到的是一个本质上性格开朗的年轻人,他尽情地享受生活,不让任何人或任何事打扰自己。当然,他记得发生在自己身上的所有事情,但我可以这么说,他能把这些事情都安顿好。他不自怜,他不像其他人那样问"为什么正巧是我";假如被问起他的经历,他会完全公正地谈论——他不吹牛,但是他有点儿……我该怎么说呢……为他的经历感到自豪,假如你明白我说的话。甚至,我能说出比这更有趣的事情:为了余生,他把自己的经历当成工具使用。

你在《船夫日记》中谈到了这一点,当时你写道,斯大林独裁统治使你免于极度失望甚至自杀?

是的,这可能是真的。

然而,还有一件事情我们没有澄清:在你谈"归属"之前,你说是"礼节"把你带进了党员中间。你这是什么意思?

意思是,我必须发表意见。我已经提到过,当时年轻人中进行着激烈的争论。战后的几年里,巨大的创造热情弥漫全国。与此同时,非常混乱的情况占了上风。货币开始贬值,这在后来被认为是世界历史上最高的通货膨胀。帕戈首先变成"百万帕戈",然后又变成"万亿帕戈"。一亿帕戈成了最小币值,但这也没能持续很长时间。在

"

商店里,每个小时都要更换一次价格标签。1946年春,在吉普、肝脂、红磨坊和类似名称的咖啡馆的露台上,富裕的顾客用碎金子支付咖啡和威士忌。侍者领班们的口袋里装着很小的秤,在付款时他们就把秤打开,假如"警察突然来袭",他们就惊慌失措地把秤藏起来。所谓的"经警"成立了,即经济警察局,"经警"经常与走私者、"黑色产业从业者"交火。靠工资为生是不可能的,在工厂里和办公室里——在我母亲的工作单位布达佩斯-绍尔戈陶尔扬机械厂里也是如此——工资以所谓的"实物"形式支付,发给人们的不是钱,而是土豆和面粉。另一方面,到处都弥漫着为自由而欢呼的气息。在匈牙利国家的历史上,首次真正的民主开始发展,而且是以居民的自由选举为基础。你瞧,在这里讲授历史课不是我要做的事情,但我想提一下比博·伊什特万[1]的所谓的遗嘱,许多年后,这份遗嘱在知识分子中口口相传。他说或写道:"如果我死了,请在

---

[1] 比博·伊什特万(Bibó István,1911—1979),匈牙利法学家、政治家,匈牙利20世纪最伟大的民主政治思想家。1944年,他曾利用担任司法部官员的机会,挽救了许多犹太人的生命。

我的墓碑上刻下以下文字：比博·伊什特万在此安息，1945—1948。"这是对那个时代的一个注解，不是吗？

你是从学校还是从肝脂咖啡馆里注意到这些的？

这是一个好问题。我的大部分时间都不是在学校里度过的，这是肯定的。我怎么能做到呢？电影院里全都是美国的新电影和老电影。《孤岛浴血战》！《开罗谍报战》！埃里克·冯·施特罗海姆！《卡萨布兰卡》！我如饥似渴地观看战争电影，对德国战败的电影百看不厌——也许我是在电影银幕上发泄自己的愤恨。我也同样享受《百老汇旋律》和美妙的格什温的电影——我无法列出所有电影的名字。波拉克乒乓球室和台球室距离学校不远。我们早上八点钟在学校见面，但是九十点钟的时候，我和几个朋友就已经到了电影院、乒乓球室或匈牙利蒸汽浴室里。在五点钟喝下午茶时，我立刻就发现了姑娘们……

还有政党……

"

是的，两者之间可能存在某种微弱的联系。不知何故，我主要跟富裕的市民家庭出身的女孩们走得近一些。但对我来说，痛苦的是，我从来没有足够的金钱去支付她们的账单。我们就生命的意义和金钱的卑劣进行了激烈的辩论。我赢得了辩论，却没有赢得姑娘们的心。不排除我对阶级斗争的兴趣就是这样开始的。然后，我们要承认，社会上仍然充满了威望扫地的法西斯主义者。当然，那个时候，"否认大屠杀"这个概念还不为人所知，但这种趋势已经开始出现在新闻报道和私人谈话之中。另一方面，我也不能接受狭义的"犹太"论点，犹太复国主义对我没有吸引力，我不喜欢犹太人的自怜，我对宗教不感兴趣，怀疑每个人都是反犹者使我烦恼。没有阶级的社会看起来真的是最有吸引力的解决方案。然而，这里的障碍是，当我第一次出现在所谓的"小区"里时，我碰上了在我们这一片地区有名的前箭十字党成员，他是一个楼宇的管理员。这是真的吗？是的，他笑着说，战争结束后他立即就入了党。我把此事告诉了某个人，也许是立即告诉了小区的党委书记。他向我解释说，法西斯主义肯定也欺骗了许多无产者，但是，这些人都需要开导，正如他所说,"需要重新教育",因为"他们是有发展能力的无产者",必须把他们引向正道。这使我本来就敏感的胃有些不适。然而,不管我对这个楼宇管理员和党委书记是多么反感,所有这一切都没有改变我对激进的社会解决方案的迷恋。在奥斯维辛之后,我觉得恰当的做法是,不要把我的人际关系建立在个人的同情之上,而是要建立在社会进步的原则之上。

嗯……

啊,是的,一派胡言,我很快就认识到了这一点。

所有这一切是如何与美国电影、台球室、毕业考试和五点钟的下午茶相容的?

有意思,但在当时,所有的事情都是相容的。在我的内心深处和周围,在我比较狭小的生活空间和更广阔的世界里,某种事情正在酝酿。我们面临政治支配,即所谓的"转折年"。在我的生命中,我从未有过自由的感觉,现在我是真的自由了,即使不是最严格意义上的自由,因为我还没

"

有为自己做出重大的、真正的、终生的选择。实际上,这三年给我留下的印象是生活紧张,至于这种紧张是由什么构成的,究竟是精神体验,或者更多的是成年男子爆发出的活力,这个我不知道。假如回想这个时期,我总是想起塔列朗的名言:谁没有在革命之前生活过,谁就不知道生活是多么的甜蜜。我清楚地记得,我一直在恋爱——我在这里说的不是某一次恋爱(或多次恋爱),而是我对生活本身的感觉。对我来说,读一本书和把一个女孩的胸罩扯掉,或沉浸在对无法拥有的生活的忧郁之中,沉浸在这个只有年轻人才知道的无比甜蜜的不幸之中,都是同样的情感经历。我感觉,我开始进入"诗歌的领域",尽管你可能并不感兴趣。

怎么会不感兴趣呢?尤其是你带着真情实感在讲述。我很高兴听到在你的人生中有让你感到非常快乐的时期,或者更确切地说,并非某种强迫性的力量在控制着你的生活。

假如我们忽略被迫谋生……的确,这并没有控制我的人生,但对我的影响极大。

你还是半个学生,我想,是你的母亲在抚养你。

是的,这给我带来很多不便,尤其是我从来没有钱花。然后,我们对生活的看法也开始出现差异。

在哪个方面?

在所有的方面。我们就像年轻夫妇那样争吵,只是不一样而已。

关于这方面,你不能再多说一点儿吗?你的母亲是如何在战争中幸存下来的?

她逃跑过两次,第一次是从行进的队伍中,第二次是从老布达砖厂里,当时已有人从砖厂被运往奥斯维辛。她给我讲过她是如何逃跑的,但我已经记不清了。最后,她在布达佩斯的隔离区找到了"安全的"避难所。这座城市解放后,她才得知,有人在前往奥地利的死亡行军中最后一次看见过谢雷什·洛齐——他已经死了。我的母亲很沮丧。然而,雷雨街的住宅保留了下来:早在1944年夏天,一名匈牙利的盖世太保军官就看上

"

这套住宅，在我的母亲搬入"贴黄星的房屋"之前，这名军官就与她签订了常规合同——按照当时的说法，是接管了这套住宅。当然，这样的事情只会发生在我的母亲身上。在此人匆忙离开匈牙利之前，我的母亲适时地拿回了住宅，而且连一只咖啡杯都没有丢。嗯，这就是当时的生活。浮士德与魔鬼签了一个契约，我的母亲与一名盖世太保军官签了一个契约。她的结局更好一些。也许，这名盖世太保军官——正如人们习惯所说——是个规矩之人，但也有可能是一个多重凶手。我的母亲对这种事情压根儿就没有兴趣。你别以为，这个的原因是道德上的冷漠。不，对那些不直接涉及她的事情，比如政治，我的母亲的确是个弱智——也许，这是最恰当的说法。不久，她的一个老朋友开始向她求婚，此人是个工程师，是真空技术方面的专家，我就知道这么多。工程师通常都是无聊之人，无论如何，阿帕德叔叔（人们这么称呼他）就是这样的人，除非话题涉及真空，可我对真空又不太感兴趣。我的母亲还有另一个追求者，此人是一个钢琴经销商。他是一个矮胖、热情、风趣之人。毫无疑问，他不如真空技术工程师长得帅，但我和他聊音乐总是很投机。我记得,我们曾试图说服我的母亲相信,巴托克[①]确实写过旋律非常优美的音乐。那些夜晚是愉快的夜晚。孔多尔先生——钢琴经销商——住在城市另一头的祖格鲁区的某个地方。我清楚地记得 1946 至 1947 年严酷的冬天,孔多尔先生徒步穿越唯一的一座桥梁来到布达,并在仓促摆放在瓷砖炉位置的焦炭炉上暖手。我的母亲用玉米饼款待他,孔多尔先生总是从黑市带来某种美味。很快,话题就转到了音乐上,我试着给母亲用口哨吹巴托克的《第一小提琴协奏曲》的旋律,孔多尔先生则不住地点头。

所以,你那个时候就已经对音乐感兴趣了?

看起来是的。我自己也不知道是怎样成为音乐学院音乐会的常客的。事实是,我每个星期去找大家都认识的观众席管理员两三次,他是一个……

"……非常粗鲁、因某种眼疾而总是满脸怀疑的

[①] 巴托克·贝拉·维克托·亚诺什(Bartók Béla Viktor János,1881—1945),匈牙利作曲家、钢琴家、民族音乐学家。

老人……"

是的,我看到你正在翻看《英国旗》。请继续往下念。

"他为了得到一两个福林就允许所有的学生和像学生一类的人进入观众席,他先是粗鲁地命令他们站在墙根,然后在乐队指挥出现在通往指挥台的门口的瞬间,用粗鲁的声音指挥他们坐进空位。今天我已经想不起来我为何、如何、因何种动因而喜欢音乐,但事实是……在我还是儿童时,我就已经不能忍受这个人生没有音乐,不能忍受我的生命里没有音乐。"这是真的吗?

是真的。后来,每当我陷入一切现实甚至我自己的存在都成为问题的境况时,我就轻声地吹一段口哨就足够了,比如说,吹《木星交响曲》第一乐章的副部主题,这时生命又重新回到我的身体里。

你说的"后来"是指什么时候?

指我误入歧途当新闻记者的时候……

暂时让我们停留在享受着孔多尔先生的认可的年轻音乐爱好者那里。我们处于两个独裁统治之间，你正在享受短暂的休息，时髦的说法是：休止。

不错。

你在上学，还加入了政党，晚上去音乐学院，夜里坐在娱乐场所……

是的，听起来不错。大致情况就是如此。只是漏掉了最重要的、对我一生影响最大的感觉：焦虑。

啊哈。当时并非一切都顺遂……

谁说一切都顺遂了？我周围的空气在变少。我的好多朋友、中学同学都离开了这个国家。我觉得，我越来越成为母亲的负担。我不知道如何开始我的所谓的未来。当时，我面临毕业考试，每天晚上我都醒来，我将自己关在浴室里，我在写一部世界性的戏剧，这明显会让人想起《神曲》。和

"《神曲》里一样,我这里也有一个迷路之人……我认为,这是故事的本质,也是当时的我的人生的本质:我迷路了。在我的面前没有任何人生的模板。在中学里慢慢地形成了一种精英群体,对我来说,他们说的仿佛是外语。这些男孩子阅读高尔斯华绥①和《蒂博一家》②。他们以超群的智力探究积分和微积分的奥秘,而我却对此一窍不通。我搞到了马丁·杜·加尔的那本厚厚的书,我不得不绝望地承认,无聊透顶。然而,我喜欢读美国的低俗小说、赖特·耶诺的小说、《埃斯蒂·科尔内尔》③、胡尼奥迪·山多尔④的短篇小说、雷马克⑤的小说——当我在精英们的面前谈起我也许读过五遍的小说《凯旋门》时,我遭遇的是同情的微笑。一般来说,包括数学在内的比较难的课程,我都不及格。在我所赞赏的"精英"的眼

---

① 约翰·高尔斯华绥(John Galsworthy,1867—1933),英国小说家、剧作家,20世纪初期英国现实主义文学的代表人物。
② 《蒂博一家》,法国小说家马丁·杜·加尔的长篇小说,共八卷。
③ 原文 Esti Kornél,匈牙利20世纪著名作家科斯托拉尼·德若的小说,书名即主人公的名字,也译《夜神科尔内尔》。
④ 胡尼奥迪·山多尔(Hunyady Sándor,1890—1942),匈牙利小说家和戏剧家。
⑤ 埃里希·玛丽亚·雷马克(Erich Maria Remarque,1898—1970),德国小说家,著有《西线无战事》。

里，我是一个没文化的乡下佬，而我的母亲有时则会用不信任和望眼欲穿的眼神上下打量我。我是一个放逐者，但依然充满生机勃勃而毫无根据的希望。

什么样的希望？

我不知道。难以名状。我仿佛听到了遥远的诺言的鼓舞。

这又是那个"对世界的信任"，是在集中营里也维持了你的生命的对世界的信任吗？

这是有趣的问题。无论如何，我过着没有计划的生活，日复一日。但我不认为，在我人生的这个危机时期花太长的时间是值得的。

你别生气，但危机总是很有意思的。你自己说过，在你的面前没有任何的人生模板。比如，你不想念你的父亲吗？

我必须给出残酷的答案：不。

但你与政党的关系仍然表明了某种父亲般的人物的缺失,你不这么认为吗?

不。正是在这个时候,我与他们没有任何联系。我每月交纳一次党费,仅此而已。甚至,继阅读了萧伯纳的一本愚蠢且自信的书(我不记得书名)之后,我对他们产生了坚定的怀疑。我的出发点是,我从母亲的书中,更确切地说,我是从谢雷什·洛齐的书中找到了一本漂亮、单薄的小册子。它的名字是《会饮篇》,作者是古希腊的柏拉图。可以说,有好多天我与这本书形影不离。接下来是萧伯纳,他干脆把所有问题扔掉,而且是用同样的愤怒的动作。据此,我用我十八岁的脑袋想,人类思考了五千年的所有东西都可以扔掉吗?这似乎极不可能。

所以,你竭尽所能锯掉那个你自己正坐在上面的树枝……

尚未把一切都锯掉。这是在很久以后才发生的事情。暂时,我只是把我的生活变得更不舒适,这也是不得了的事情。

向前跨了一步?

我要是知道哪边是前、哪边是后就好了!

你刚才说,你误入歧途当了新闻记者。

我做错了所有的事情。我生活在完全的错误之中。无论如何,新闻写作至少看起来是有趣的。

你怎么想到要去当新闻记者?

你瞧,我已经说过了,我每天晚上都在写一部诗剧。说真的,我很快就放弃了,但写作本身却已经以某种方式触动了我。就在那时,我从一本介绍奥迪[①]的书中知道了耶凯伊·佐尔坦[②]的小说《黑帆》——书名可能如此。一位诗人,可以说是刻意寻求严格意义上的致命爱情,最终从一家妓院芬芳的雾气中走出一个姑娘,她是毒吻的美丽

---

① 奥迪·安德烈(Ady Endre,1877—1919),20世纪匈牙利最伟大的诗人之一。
② 耶凯伊·佐尔坦(Jékely Zoltán,1913—1982),匈牙利作家、诗人、翻译家。

载体——高级妓女埃斯梅拉达，她和我后来读的一本书的主人公莱韦屈恩[1]一样，其血液中隐藏着厄运。如你所见，我是一个不可救药的浪漫主义者，又同时被现有的社会主义世界所拥抱——我怎么能认清方向呢？

喏，但新闻写作完全远离浪漫，不是吗？

如果你了解并付诸实践，毫无疑问是这样的。然而，我喜欢这种生活方式，而且又是通过一本书——塞普·艾尔诺的小说《喉结》。书里有一位新闻记者，他扮演说教者的角色，睿智、顺从，有自知之明，他坐在各个咖啡馆里，从那里观察窗外的生活，偶尔给报纸写写文章——喏，这正是我想要的生活。

我认为，你对这本小说的解读并不十分准确……

无所谓，我就是这样阅读的。对我而言，写作作为生活方式，一方面与致命的爱情有关，另一方

---

[1] 莱韦屈恩，托马斯·曼《浮士德博士》的主人公。

面与极度的空虚有关。

你的新闻记者生涯，据我所知，始于《光明日报》……

是的，如果我们不得不在这里谈论其细节的话，我将非常厌恶。

幸运的是，你把这些都写进了你的小说《英国旗》。你写道："用言辞表达人生是对新闻记者的要求，这早就成了谎言了；但撒谎的人实际上是在思考真理，而关于人生，我只能那样去撒谎，假如——至少部分地——了解人生的真理……然而，这个人生的真理，不管是一部分还是全部，我都不了解。"所以，你既不能撒谎，也不能说实话。

你所言极是。我陷入了困顿。我看见过正直的人撒起谎来如流水般滔滔不绝，而我却没有能力做到这一点。为了生存，我不得不以某种方式脱离我的存在。对我来说，这并非完全是新鲜事，因为在集中营里我曾靠幻想而活着。我学会了做一件事：我在那里，但我却不在场。在任何独裁统治中,都可以这么做。

可你刚才仍然说,新闻写作至少看起来是有趣的……

起初如此。当时是1948年的夏天。国家仍由一个联合政府领导,每个政党都有至少一家或两家日报。从早上到傍晚,每小时都有各种各样的报纸出版。那时电视还不存在。我闻到过真正的报纸油墨的味道,我在截稿前通过电话口述过"轰动性新闻",我认识一两个著名的编辑以及佩斯的最后一批新闻记者。在这几个月的时间里,我过着相当丰富多彩的生活。我和我的上司、报纸市政厅专栏负责人每天早上都出现在市政厅,去各科室主任的办公室拜访,捕捉新鲜的信息。我是在市政厅注册的记者俱乐部的普通会员。一位老报人是这个俱乐部的最年长者。他的名字叫沃尔尧什,他为小农党的报纸《小报》工作。1949年初,记者们为一件事情互相打赌:红衣主教明曾蒂是否会遭到逮捕。我确切地记得沃尔尧什的话:"如果敢逮捕明曾蒂,那么任何事情都可能在这里发生,请相信。"几个月后,我在街上遇到了他,他的状况很糟糕。那天他忘了戴假牙,蓬乱的白发从软塌塌的猎帽下露出来。他的报社被解散，他本人被解雇了。他感激地握住我的手。"其他人都已经不认识我了。"他抱怨道。

在《英国旗》中，你还讲述了一次更可怕的相遇。我想的是那辆黑色小汽车里的乘客……

我们忘掉这件事吧。太可怕了。

"不久，我在一个致命的厂房的没有尽头的管道下蹒跚。"你写道。

是的。我很幸运。当时，解雇并不属于国有企业与国企员工之间既有关系的正常形式之列。至少，知识分子通常受到不同对待。更多的是给他们制造某种政治冲突，通常以逮捕而告终。然而，我收到了《火花报》出版社的正常解雇函——从1951年1月1日起，他们不再需要我为其工作。

你会把这种运气归因于什么特殊情况？

也许归因于我的无足轻重。但是，假如我不想触

"

犯所谓的"具有公共危害的逃避劳动"法律条款,我必须在三个月内找到工作。我去当工厂工人。没有别的办法。

这个工厂叫什么名字?

MÁVAG①。

多么丑陋的名字啊。

不比工厂本身更丑陋。

但你的文字似乎是在赞颂这个丑陋。

赞颂?我不明白你在想什么。

假如你允许的话,我就继续读引语:"散发着铁锈味的苍凉的黎明在等待着我,等待我的还有雾茫茫的白天,那时的意识是迟钝的,所感知到的东

---

① MÁVAG 是匈牙利王家钢铁机械厂的缩写形式,曾是匈牙利最大的铁路车辆生产商。

西就像金属泡一样冒出来,然后在冒着蒸汽的、翻腾着的物质的锡灰色的表面破裂。"

你对这段文字有什么意见吗?

我非常愿意读,甚至,我很享受。《英国旗》讲述的是现实和表达现实之间的无法调和的矛盾。

不仅如此,但我开始明白你意欲为何。我不会逃避问题。不管你喜不喜欢,艺术总是视生活为节日。

狂欢节还是哀悼节?

节日。

但在你的作品里,丑陋的材料和对节日的赞美之间存在的区别是显著的。

这不是作者的问题,而是道德家的问题。道德家把诗人视为恐怖事件的偷窥狂,并用自己的假声禁止诗人在奥斯维辛之后写诗。我们抵达问题的

"

本质了吗?

我觉得,假如我们谈论艺术和独裁,我们就无法绕开阿多诺①的一句话。

"奥斯维辛之后写诗是野蛮的。"但是,为什么我们在聊《英国旗》的时候聊起了这个话题?而《英国旗》恰巧讲的不是奥斯维辛。

我们的谈话主题不是《英国旗》,而是你的人生,你在不断地对它进行重新表述。为什么?"究竟什么是体验?是谁通过我们的眼睛在看这个世界?我想,活着是给上帝的恩惠。"你写道。

这是《英国旗》的讲述者写的。是我在让他讲话,把他和我混为一谈是不对的。可这与阿多诺有什么关系?

---

① 特奥多尔·维森格伦特·阿多诺(Theodor Wiesengrund Adorno,1903—1969),德国哲学家、社会学家、音乐理论家,法兰克福学派第一代的代表人物,社会批判理论的奠基者。

其关系就是，你在阿多诺的话语和你自己的话语之间插入一个超自然的形而上学元素；换句话说，在你谈论上帝的那个地方，阿多诺只看到了羞耻。

嘿，这些都是非常棘手的问题……

好吧，那么我想简单地问一句：对阿多诺的这句著名的或臭名昭著的话，你有什么回应？

你瞧，阿多诺关于音乐的论文在匈牙利出版后，我从中学到了很多东西，但仅此而已，我没有读过他的任何其他东西。

你没有回答我的问题。你如何看待阿多诺的名言"奥斯维辛之后写诗是野蛮的"？

好吧，如果允许我直言不讳的话，我视这句话为道德恶臭炸弹，它不必要地破坏了本来就很糟糕的空气。

无疑，这已经是直截了当的措辞了。你能说出理由吗？

"

我无法想象，像阿多诺这样有思想的人，怎么能臆断艺术会放弃描绘 20 世纪最大的创伤呢？一方面，工业化地屠杀数以百万计的人，不能作为美学享受的基础，这是真的；但据此，我们就必须把策兰①或劳德诺蒂·米克洛什②的诗歌看作野蛮吗？这是一个坏笑话，仅此而已。至于美学"享受"，阿多诺能期望这些伟大的诗人写出糟糕的诗吗？你越是琢磨这句不幸的话，它的无意义就越明显。然而，我发现它所反映的趋势确实有害：它反映了一种被错误解读的精英主义，而且它也会以其他的形式扩散。究其本质，这是宣告对苦难的排他性占有，仿佛把大屠杀据为己有。这种趋势以奇怪的方式与 Schluβstrich③ 的倡导者的看法相遇，他们拒绝接受奥斯维辛的经历并将其局限于一小撮人；随着集中营幸存者的死亡，他们也会把奥斯维辛的经历本身视为死的记忆、遥远

---

① 保罗·策兰（Paul Celan，1920—1970），在世界范围内产生深刻影响的德语诗人。生于切尔尼夫齐（今属乌克兰），父母死于纳粹集中营。1945 年发表的诗歌《死亡赋格》，以对纳粹邪恶本质的强力控诉和深刻独创的艺术力量震动了战后德语诗坛。
② 劳德诺蒂·米克洛什（Radnóti Miklós，1909—1944），匈牙利诗人，匈牙利现代抒情诗的杰出代表。
③ Schluβstrich，德语，意思为最后一划。

的历史。

通过赔偿和修建纪念碑,德国人和犹太人的矛盾可以被视为最终"解决和了结"了吗?

也就是说,将其仅仅视为政治问题,可事情并非如此。这正是大屠杀(我现在干脆使用这个被普遍接受的名称)有别于其他任何种族灭绝事件的地方。我在这里看到了唯一一个需要解决的严重问题:20世纪集中营的经历是普遍问题还是边缘问题?

我们知道,你认为它是普遍问题。但是,你很清楚,你以此……怎么说呢……离开了一个文化圈,并跨进了另一个文化圈?

你就不能说得更明确一点儿吗?

普遍性是一个天主教的概念。

可以这么说。一位牧师曾经告诉我,上帝没有宗教信仰。

而你在你的书《另一个人》中说，从任何方向都无法接近奥斯维辛，除非我们从上帝的方向出发。请允许我引述："假如奥斯维辛是徒劳的，那么上帝就已经破产；假如我们让上帝破产，那么我们将永远理解不了奥斯维辛。"

是的，就是这样。现在我们已经到了永远理解不了的地步。

因为我们让上帝破产了？

是的，因为在奥斯维辛之后，世界秩序也没有发生改变。

这是你的最新小说《清算》要讲述的内容吗？

是的。假如在《无命运的人生》中——但我也希望通过我的其他书籍——我成功地使奥斯维辛成为普遍的人类经验，那么我也必须同样把破产作为普遍的人类经验来记述。在德国，有几个批评家完全理解了这一点。

那么在国内，在匈牙利呢？

我们还是不谈这个了。从国内看，斯德哥尔摩的高塔遮挡住了朝向我的小说的风景。关于这方面，我不想多说。

我不相信你的这个说法，但我们以后还会回到这个话题。暂时，我对你如何逃离那座工厂感兴趣……

通过可耻的团结。有时，在我人生的关键转折点上，它几乎是作为提醒标志出现的……

你为什么认为它可耻呢？

因为我不配得到，它使我失去了自卫能力。它总是令人尴尬，假如某处的世界秩序崩溃的话。

你把什么称为世界秩序？

魔鬼的日常魅力。

这开始变得有意思了。我回到我之前的问题:你是如何离开那座工厂的?

一天下午,工头说外面的更衣室里有一位新闻记者在等我。简而言之,报纸记者欧尔道什·南迪在我以前供职的报纸(《光明日报》早就根据苏联模式改名《布达佩斯之夜》)的"生产专栏"工作。他大约二十五至三十岁,肥胖,脸上干干净净,也许是过分喜欢白汽酒的外地男孩。我们一直相互同情,但更多是远远地关注着对方,还没有时间发展友谊。作为"报道生产的新闻记者",他可以自由地进入工厂和某些部委。"我给你找了份工作。"当我走进更衣室时,他兴奋地告诉我。

你是否请求他在工厂里四处走走?

不可能。我也不知道他是否注意到我被解雇了,我连告别的时间都没有。"你去冶金和机械工业部找新闻科科长福泽考什·毛尔茨。他已经什么都知道了。"事情是这样发生的。第二天早上,一位大约五十岁的先生(或"同志")接待了我。他是一个瘦弱、矮小、说话声音非常轻柔的人,穿着一件上好的运动夹克，蓄着唇髭的脸上的表情忧郁……

上衣的扣眼里有一朵花……

你是从哪儿知道的？

我读过《惨败》。

好吧，好吧，但你在那里遇见的不是真正的福泽考什·毛尔茨，而是经过艺术化，也可以说是经过神秘化处理的他。的确，真正的福泽考什·毛尔茨也写诗，偶尔在他的办公室里朗诵给我听，朗诵时站在装饰于墙上的一张巨大的朝鲜地图下方。

这与诗歌有何关系？

"这"指什么？

嗯，朝鲜地图……

"

当时，全国所有的机关、办公室、车间里，总之，所有的地方都悬挂着朝鲜地图。别在大头针上的小红旗标志着北朝鲜军队在所标注地区胜利前进；每天必须根据军事动态对这些小旗进行调整，并尽可能把从报纸上剪下来的照片或评论别在旁边，以描绘正在疯狂逃跑的南朝鲜军队和／或挥舞着原子弹的麦克阿瑟将军。

当然，当然，朝鲜战争……

那个时候你还没有出生呢。简而言之，我们一直生活在北朝鲜军不断取得胜利的喜悦之中，直至"仁川登陆"之后，朝鲜地图一夜之间从墙上消失了。从这时起，我们开始给美国总统——杜鲁门或艾森豪威尔——写信，具体情况我已经不记得了。这些信是这样写的："总统先生，我们冶金和机械工业部新闻科的工作人员要求美国立即停止干涉"，等等。我们的信总是这样结束："把手从朝鲜拿开！"

疯狂……

但实则有因,正如《哈姆雷特》里所说。

这使我想起,我们的谈话跳转得相当快。所以,福泽考什·马顿①把你调入冶金和机械工业部,使你成为该部的一名工作人员。这到底是什么时候发生的事?

1951年早春。

你在那里具体做什么工作?

我要是早知道的话……但最大的麻烦是我不感兴趣。从本质上讲,我得写那种类似于报纸文章的论文,我之所以遭报社解雇,恰恰是因为我没有能力写出这样的论文。

尽管如此,福泽考什依然没有解雇你。

他喜欢我,这是他的不幸。他很快意识到,我只是把这份工作当作对付敌对的外部世界的避难所,

---

① 即福泽考什·毛尔茨,毛尔茨是马顿的爱称。

"

但他认为我是那种必须要支持的"年轻人才"。

也许你向他提到过你的文学野心?

也许吧……当时我尝试以合作作者的方式……你肯定知道曼迪·伊万①的杰作《表演者,合作作者》。

怎么会不知道呢?你也去过他经常去的宝贝咖啡馆吗?

不,我光顾的是安德拉希……对不起,斯大林路,从前的"布达佩斯百老汇"的那些咖啡馆……你知道,一二十年前我还能很好地讲述那些年的逸事,也许今天已变成传奇的基拉伊海吉·帕尔②是那个年代最恰当的代表,他总是说:"有一天,我将写我的自传《恐怖的日子》。"今天,那个可笑且令人害怕的年代的原始味道已经消失了……

---

① 曼迪·伊万(Mándy Iván,1918—1995),匈牙利作家。
② 基拉伊海吉·帕尔(Királyhegyi Pál,1900—1981),匈牙利作家、喜剧演员、记者和编剧。

幸运的是，你把其中一些保存在你的小说《惨败》的奇特故事之中……但我们还是把话题转回到福泽考什……

实际上，福泽考什是一个随和之人；他有时会温和地责备我，但从本质上讲，他对我表现出的是一种父亲的责任感，其中夹杂着文学和从未说出口的犹太人的团结。

你们谈过这个吗？

我想，福泽考什知道我去过奥斯维辛。

仅仅如此？

我们之间从未公开地谈论过这个话题。即使他知道，他也只能从我的所谓的"干部职级表"中知道，此表就像看不见的影子一样伴随着人们，从一个单位到另一个单位。

关于这方面，我想问更多的问题，但我承认，作为一个非犹太人，这个话题会让你有点儿不舒服。

"

所谓的"棘手的问题",是吗?

遗憾的是,在我们这里,它一直如此。我不知道,我究竟是否可以把我的问题提出来……

你提吧,我要么回答,要么不回答。

我想问你的是关于犹太人的团结问题。在独裁统治下,这显然不能公开进行;我的意思是,在那里没有人会把自己定义为犹太人……

只要你没上过拉比培训班,或者假如没有被制度定义为犹太人,就像两年后在苏联开始审理的犹太医生案[①]那样。

我明白。比如,你立即就认出了福泽考什是犹太人吗?

好问题。可能是的,但并非刻意为之。简而言之,

---

① 1952年末到1953年初在苏联发生,涉及犹太人的一件冤假错案。

我没有对自己说这个福泽考什是犹太人，但我觉得，在一定程度上我可以信任他。

因为他是犹太人。

因为……彼此相似。很难说是什么东西相似。不是我们的脸，不是我们的思维方式……我认为，只有恐惧才是两个犹太人的共同点，只有这样才能真正地定义他们——至少在中东欧如此。

这似乎与以下事实相矛盾：拉科西[①]、盖勒[②]、法尔卡斯[③]，换句话说，匈牙利几乎整个斯大林主义的领导人都是犹太人。这个你想到了吗？

没有。我当然知道，但根本没去多想。你是否

[①] 拉科西·马加什（Rákosi Mátyás，1892—1971），1945年至1956年先后担任匈牙利共产党、匈牙利劳动人民党总书记和第一书记，1952年至1953年担任部长会议主席（总理）。
[②] 盖勒·艾尔诺（Gerő Ernő，1898—1980），1955年至1956年担任部长会议第一副主席，1956年担任匈牙利劳动人民党中央委员会第一书记。
[③] 法尔卡斯·米哈伊（Farkas Mihály，1904—1965），1948年至1953年担任匈牙利国防部长。1950年11月起任国防委员会委员，该委员会由拉科西、盖勒、法尔卡斯"三驾马车"组成。

想过萨洛希①和整个箭十字卫队都是由基督徒组成的?

我明白你的问题。

你瞧,20世纪最具破坏力的激情是放弃个体并对各民族和族群发起集体诉讼。假如我们现在开始剖析:作为犹太人的我,对一个陌生人的行为负有多大责任,仅仅因为他也是犹太人,所以我们就接受了这种思维方式并进入了意识形态的世界。可要是这样的话,我不知道我们还有什么可谈的。我觉得我已经解释得太多了。

我同意你的看法,但人们心里的这些成见仍然在起作用,然后可以从中捞取政治资本……

没有争议。但是我们两个人并未约定我们将谈论政治的病态退化。

---

① 萨洛希·费伦茨(Szálasi Ferenc,1897—1946),匈牙利法西斯政党箭十字党领导人,1946年被判处死刑。

我也没强迫你往下谈,因为我开始时就说想问你棘手的话题。我希望你没有误解,我可以指望得到你的帮助。

既然我们已经开始了,我就不会让你失望。

那我们就继续谈恐惧吧。你说过,两个犹太人最大的相同点就是恐惧。你受恐惧的影响有多大?

我没有恐惧。从这个意义上讲,奥斯维辛的确是一所大学校。大屠杀使我成为犹太人,这在欧洲是一种新现象。当然,在当时我还不能如此明确地表达出来。但后来我给自己布置了一项人生任务,可以这么说,这个任务要求我澄清自己作为犹太人的品质。比如,我几乎无法跟你谈犹太形而上学、犹太文化和犹太文学,因为我不了解。从这个意义上说,我不是犹太人。但是,当我被带到奥斯维辛或在一个摆样子公审中成为主要被告时,无人对这个事实感兴趣。这时,你只是为了生存而战,你再也不能说,你坚信你不是犹太人……

"

你坚信,你是什么?

犹太人。但是,我是一个与奥斯维辛之前已知的犹太人的生活方式没有任何关系的犹太人。无论是与古老的犹太人,与被同化的犹太人,还是与支持犹太复国主义的犹太人,我都没有任何关系。我和以色列也没有任何关系。也许,这是最难说出口的……

对此,你需要半个世纪的时间。2002年,你写了游记《耶路撒冷,耶路撒冷》。但是,让我们在福泽考什的时代再停留一会儿吧。你从布痕瓦尔德回国六年,时年二十二岁。那是1951年,犹太人的身份对你意味着什么?

意味着奇闻逸事。意味着犹太人的笑话。在福泽考什那里意味着一点儿保护。一言以蔽之,不意味着任何东西。一般而言,我认为,"身份"一词在这里没有任何意义。我没有身份,我也不想有身份。

当我们谈论你的童年时,你就说过这句话。

从某种意义上说，我现在依然在过着我的童年。只要不允许你做生存选择，并以此剥夺你对自己承担的责任的美丽的负担，独裁统治就会把人变成儿童。当时，我生活在一个无法控制的幻象世界之中，在这种完美的荒诞之中，我是轻浮的放逐者。

这些熟悉的话语来自《惨败》。但这到底是什么意思呢？

这意味着任凭偶然事件随意摆布。我与一个人合二为一，此人被偶然事件抛来抛去，就像一只橡皮筏被急流抛来抛去一样。我认为，我就是这个人。尽管我只是屈从于外表，认为自己与一个极度缺乏安全感的人合二为一，此人我根本就不认识，但他却经常给我带来惊喜。

这可能是一个奇特的状况……

危险的状况。

你是今天才做出这一判断，还是当时就带着危险

"

意识在生活？

我不知道。因为此类对话的弊端在于，你自信地谈论自己的人生，因为你知道你的人生的最终方向；但你能否回忆起当时的你自己、无所适从和迷惘，你是否感觉到了脚下的钢丝？你究竟是否知道你正在走钢丝？……几十年之后，我得知杜尚的一句不朽名言："哪里没有问题，哪里就不会有解决方案。"可能会呈现一些无关紧要的细节，尽管这经常会被证明也是徒劳的。前不久，我长时间地思考，比如我当时是怎么吃饭的？当几乎所有的食品都要凭票购买时，我吃了什么？是谁给我洗的内衣，是怎么洗的？我想起一个经典的街头厕所，它坐落在拉科齐路与环路的交会处，就在EMKE咖啡馆的前面，必须走台阶下去。一位像是来自"旧制度"的干瘪、矮小的阿姨管理着这个厕所。我还从她那里得到肥皂，洗完手后我必须归还给她。顺便说一句，我去卢卡奇游泳池洗浴、游泳，这个我记得很清楚。有时，我只能晚上去游泳池，与聚光灯相似的反射灯照亮了游泳池的绿水。这些年从我的人生中就这样溜走了，就如同硬币从钱包的破洞里掉出来一样——

现在，要把它们收集起来是徒劳无益的。前不久，在一个阳光明媚、刮着风的冬日的早晨，我一直走到瓦罗什马约尔公园的尽头，然后穿过有轨电车的铁轨，拐进洛戈迪街。我想寻找五十年前我作为房客住过的那栋房屋。门牌号我早已忘记，于是我试图根据记忆辨认出那栋房屋——我以失败告终。我步履蹒跚地回到家里。我开始意识到，我再也理解不了我的青春了。我不知道自己做了什么、为什么做，我是怎样、为什么变成了后来的自己。

我倒是希望我们最终能够对此有所了解。你提到了洛戈迪街，这就是说，你已经不和母亲一起住在雷雨街？

不，我的母亲嫁给了玻璃工程师，他后来被提拔为工厂经理。

出于政治还是专业原因？

我认为，仅仅是对他的发明的奖赏。我想，他对真空以外的任何事情都不感兴趣，而我的母亲也终于可以过上她年轻时幻想的生活。他们有一辆

"

公务车，周末打猎，秋天宰猪……他们做了一宗大笔房屋交易，换掉了雷雨街的房子。

所以，他们实际上把你赶到了大街上？

只是原则上如此。实际上，他们在"友好的基础上"给我搞到了一间出租屋——房东是我母亲的丈夫当经理的那家工厂的一个主要员工。

也许更多的是在腐败的基础上，而不是在友好的基础上……

这是可以想象的，因为我们商定的租金低得可笑。但我在那里有一个非常漂亮的房间，就在城堡脚下，我的窗户外面是一棵有着稠密叶子的树。由于我们终于摆脱了彼此，与我的母亲发生冲突的情况也就减少了。

这些冲突是关于什么的？

你瞧，我已经说过，对于那些不直接接触的事物，我的母亲简直患有"色盲症"。她和她的丈夫都装作若无其事的样子，仿佛生活在一个异想天开但又完全正常的世界里。在这个世界里，年轻人要做的事情就是：提升自我，规划自己的职业生涯。1951年夏天……每个夜晚，每个黎明，国家防卫局的士兵们都在这座城市里忙碌着，他们把被驱逐的人装进卡车里，把他们运往强制居住地……

你提到过曼迪·伊万的书《表演者，合作作者》……

是的，这纯属荒谬：当时我有一小群朋友，我们给欲壑难填的广播电台写幽默小品、短小的广播剧以及各种各样好玩的东西。我们在夜间娱乐场所和咖啡馆里分析莫尔纳·费伦茨[①]的戏剧。我们坚信我们很快就会成为著名的喜剧作家……

《惨败》中有一个情节：黎明时分，柯韦什回到国内，在空无一人的街道上游荡，一个奇特的人在步行广场的长凳上向他开口说话……

[①] 莫尔纳·费伦茨（Molnár Ferenc，1878—1952），匈牙利作家、剧作家，1940年移民美国。

> 那是一位钢琴家。他不敢回家,因为他不想让人把他从床上带走……

这个钢琴家是虚构人物,还是你真的遇见过他?

我甚至能说出他的名字。

顺便说一句,你把这个情节也写成了一篇独立的短篇小说《长凳》,其中有一句话很好地体现了你就不存在的身份所发表的言论。这句话是这么说的:"那时,如果我面对足够的耐心或压力,不管是什么事情,我总是能够被说服。"

情况大概就是如此。

我也害怕这个。需要做什么才能从这种……嗯……半昏迷的状态中清醒过来?

也许首先要完全沉浸其中。稍后,回想起它并对此惊叹不已。

你仿佛坐着时间机器抵达一个未知的——也许是

熟悉的——地方，焦急地注视着将有什么事情发生在你身上？

假如你想到的是《惨败》的第二部分，那么你就错了。柯韦什确切地知道将有什么事情发生在他身上，甚至是他本人引发了这些事情。

卡夫卡的罪责意识和不祥的预感折磨着……

此言差矣。据我所知，一家德国报纸上发表过这样的解读……

这个解读断言，你试图像卡夫卡那样写作。这个解读提出问题：这是否可行？

这不是问题。问题是，在某些情况下是否可以不像卡夫卡那样写作？现在，我当然不是在谈论卡夫卡无与伦比的才华，而是在谈论历史已经证明了卡夫卡，而且这在后世的文学中留下了印记。《惨败》第二部分的语言引起了很多麻烦，即如何才能把永远只是短暂的封闭体系和独裁统治的短暂概念变成更持久的小说的形式。我一直在寻

"找一个可用的隐喻，最后我意识到极权独裁统治——斯大林的统治也是如此——实际上说的是宗教语言。这不可能是别的，因为它们的世界不是逻辑的世界，而是荒谬的世界。这样一来，一些卡夫卡的程式化看起来就非常明显，一方面是因为与卡夫卡的精彩小说相比，《惨败》终究讲的是截然不同的故事；另一方面，在无限的时间里，叫作文学的精神空间，与作家之间互相握手有何不同？但这个话题就扯远了。就《惨败》而言，这部小说从本质上讲是基于一个幽默的想法。在20世纪70年代即所谓的勃列日涅夫时代的精神状态下，一位作家意识到他正在与自己作对，因为创作者的生活与他所生活的时代格格不入。这时，他着手创作一部小说，小说讲的是一个命运的重复过程：每时每刻，他都在创建自己年轻时的第二自我，即柯韦什的生活情景，不断地研究他在何处迷路，为什么不能消失、湮灭在茫茫历史之中。但他不走运，在书的结尾处，他又来到了同样一个地方——L形走廊——有一次，他在这里已经有了创作愿景：创造性的生活被证明是不可避免的诅咒，其结果则是惨败。

对此，我也许是幽默感贫乏之人……但我已经清楚地看到，在《惨败》中，"插入的小说"的情节绝不是梦中的寓言故事，而多数人将其解释为梦中的寓言故事。

假如我准确地知道"寓言故事"是什么意思，我才能回答这个问题。你能给我举个例子吗？

仓促之中，我想起奥威尔的《1984》；这是真正的寓言故事。

那么，《惨败》不可能是寓言故事。在《惨败》中，虚构和真实经历以不同的比例混合在了一起。或者说，假如人们想把它看成寓言故事的话，那么它不是一个好的寓言故事。但还有几种体裁，《惨败》也不符合。简短且寓言式地说：假如我们用胡桃钳剥桃子的话，那是不合适的。

除了妙语，显然你想说，小说必须从其原创性入手。

一切都必须从其原创性入手。

尽管如此,理解《惨败》根本就不容易。它被像堡垒一样的防御系统层层包围着。假如你攻破其中的一个,你马上会发现你又面临下一个。你必须穿越由括号建成的铁丝网以及插入的多个小说的越来越多的缝隙……然后才意识到这是小说要讲述的内容:关于精神括号和精神铁丝网。我的看法对吧?

无论如何,事实是,这部小说的主题是禁闭。这有其形式上的后果。从本质上讲,它是一种音乐结构,我将其作为结构原则来遵循。

在你的小说的编辑过程中,或者说,在其创作中,你让音乐发挥了巨大的作用。

我不知道除我之外是否还有人对此感兴趣,但事实是,我喜欢把我的小说也想象成音乐作品。

因此,不只是某些句子有音乐性……

不只,这涉及整体即整个作品。比如,《惨败》这部小说的开头和结尾"呼应",但这是用音乐的手法创作出来的；比如，文中暴露了两次"恍然大悟"和 L 形走廊的动机，直到第三次出现时才发展完成……但这完全是我的可疑的私人消遣，只会使读者感到厌烦……

我没感到厌烦，因为我想搞懂你这部也许是最神秘的小说。在《无命运的人生》中，你使用了一种简单的线性技巧……

并不简单，在那里线性技巧同时表达了重要的内容。然而，在《惨败》里，我试图把"复制"的时间平面重叠在一起，由于音乐和小说都及时展开叙述，这样一来，一种环状小说结构就形成了。

一个环，它把纳粹集中营和政党的监狱都关在了里面。

是的，我最终想用一根弦弹奏两个制度的死亡探戈，尽管我的这部小说写于剧变之前，当时的审查制度仍在如火如荼地运作着。

在《惨败》快要结束时，柯韦什给小说中最神秘的人物之一贝尔格写了一封信，在里面讲述了一些奇特的经历。而且，柯韦什在这里——在小说中第一次，也是最后一次——以第一人称说话，这使这段文字有了自白的可信度……

所以，我们又陷入了虚构与真实无法澄清的关系之中，我们在谈话刚开始的时候就曾对此进行过讨论。只是现在，你好像看上去不如以前那样自信。

是的，因为我害怕你会说实话……

在这方面，你别有疑虑。

好的，让我们从《惨败》中前面的一章开始，我们从那里知道柯韦什被征召入伍："在收到部里的解聘书的同时，他也收到了一纸通知书，要求他立即开始履行曾经耽误了的兵役。"这是什么时候发生在你身上的事情？

1951年11月，我被征召入伍，参加常规服役，经过三个月的所谓"基础训练"之后才知道，司令部对于我所在的分队有特殊目的……

"……我是突然从多么肮脏的梦中醒来的？我站在一个房间里的一张办公桌旁，办公桌后面坐着一个身材肥胖、头发蓬乱、有龋齿、眼袋硕大、眼神幸灾乐祸的乡巴佬，他是一名少校，他想让我在纸的下方签名，与他签订契约，从而使我成为中央军事监狱的狱警……"这听起来就像柯韦什——按照许多其他文学作品中的人物的模式——准备与魔鬼签订契约似的……

这在本质上并无多大的区别。

假如我将其视为文学游戏……但在这里，正如韦德金德的一个戏剧中所说："我们不是在演戏，我们是在生活。"简而言之，柯韦什为什么要签订契约呢？

出于无知、好奇，主要是出于对生存的冷漠。

"我的存在在我的身体里沉睡，或者瘫痪，无论如何，它没有用表明决策重要性的焦虑来警告我。"

"

柯韦什写道，或许这就是你？

我写的是"老人"，他写的是柯韦什，而柯韦什又给贝尔格写了信……

"这时，我举起手，猛击一名手无寸铁的囚犯的脸。"这是谁写的？

柯韦什。

柯韦什是何人？

这个问题你不能这么认真地问。"包法利夫人就是我"——冒比说这句话更小的风险会更好，假如你还没有坐下来写小说的话。

看起来，不仅是我的恰当的幽默感，而且——这么说吧——我的恰当的"恐怖感"也背叛了我。我不知道你是一个可以打别人脸的人……

你不可能了解我，就如同柯韦什不了解自己一样——这个我们之前已经谈过了，当时我们称他为轻浮的放逐者。在这里，你随同柯韦什进入了那样一个世界，在那里漫无目的地蹒跚而行的人没有任何依靠，而假如"你的存在在你的身体里沉睡"，那么你就容易迈出第一步同时也是决定性的一步，或者，我们更愿意这么说：第一步同时也是决定性的一步会发生在你的身上，而且绝无回头路可走。

假如我们接受你的论点，那么任何一个大肆杀戮者的责任都将无法追究。

你忘记了，作为一名作家，我关心的不是追究责任，而是准确的描写……顺便说一句，我——在这里，这个"我"是未知因素，是纯粹的被动——是幸运的，我没有遭遇过如此诱人的时刻……

你真以为这仅仅取决于运气吗？

我不知道。根据我在集中营和独裁统治中获得的经验，人性的灵活性是用之不竭的。当我——差不多在三十年后——写小说时，无论如何，我不得不考虑这样一个时刻的可能性。说到底,想象也是一种真实,假如我真想回答小说中出现的问题,我就必须在想象中实现在现实生活中未曾发生过的事情,只是为了使小说中的柯韦什存活下来,并可以使贝尔格拥有"纯洁的行为"。

在我们坐下来谈话之前,我重新阅读了嵌在这部小说中的小说《我,刽子手》,它是对大屠杀的辩解。当一个人摆脱自己的人格并将其完全释放在刽子手的角色里时,贝尔格把这种状态称为仁慈,我理解得对吗?

或者释放在受害人的角色里。波德莱尔在散文随笔集《我心赤裸》中写道:"轮换着成为受害者和刽子手也许会很愉快。"谁知道他是根据什么样的早期经验写出这句话的。两种角色的本质都是摆脱人格的重负;为此,贝尔格寻求"纯洁的行为",它使刽子手走上了大屠杀的"救赎"道路。

"纯洁"在这里是什么意思?

它指的是那种不是由相关的人的倾向、性格或个性，而仅仅是由外来力量主导的局面引起的行为。形势在瞬间发生变化，你将尽一切可能逃离。你必须摆脱极度的紧张：你同时屈服并停止反抗——这么说吧，你让自己做出了更简单的选择。

你在这里所说的，你在别处称之为无命运，不是吗？

本质上是的，是同一个东西。只不过在这里，在《惨败》中使用了不同的词汇而已。

在这里它被称为"仁慈"，它获得了某种积极内涵……为什么？

因为贝尔格认为，在独裁统治下人会变得多余。只有通过他所说的"服务""为制度服务"才能找到仁慈。

要么以凶手，要么以受害者的形式……我想说，假如我们不了解独裁统治留下的档案，我们就不会明白这个人在说什么。不仅如此，这个人物的周围还笼罩着迷雾。他到底是谁？

在贝尔格这个人物身上，我想塑造在第一章里出现的"老人"的幻象。他是绝对的理论家，他在自己的房间里一直在思考"关于暴力美学的可传播性，最好不太庞大的论文计划"。

这样一来，在这部有关柯韦什的小说中，"老人"这个人物有两个形象？

正是如此。这就像通过棱镜拍摄的影片。柯韦什和贝尔格的情节、柯韦什在信中的表白是小说的高潮，在这里，小说的所有问题在两人之间突然结束。

贝尔格为之疯狂，柯韦什却继续前行，突然发现自己在L形走廊里……狂喜的时刻到了……

恍然大悟的时刻……

请原谅我的口误。无论如何，这是一个神秘的时刻，你无法用理性的语言讲述自己的体验。但可以说，它极大地改变了你的人生。在这个走廊上你究竟发生了什么事？

我已经说过多次了,我害怕重复。确切地说,我害怕我不能那么说,就像……如此……

……就像你在斯德哥尔摩说的那样。

斯德哥尔摩距离我们现在谈话的地方有几光年的路程。也许,我们的旅程并非通往斯德哥尔摩。

你这是什么意思?

我们已经多次屈服于这个错误的逻辑。在我们故事的结尾处,我们坐在完全舒适和安全的环境之中,满意地回味着耀眼的凯旋游行。我们摆脱了一切风险,因为我们迈出的每一步都是朝着目标迈出的,我们对每一步都完全信赖:我们只做正确的事情,因为我们正在朝着目标迈进。这就是为什么我们坐在通往奥斯维辛的冒着蒸汽的火车上,这就是为什么在比克瑙负责筛选囚犯的医生没有把我推到左边,这就是为什么友好的双手在布痕瓦尔德把我从尸体堆里拉出来,等等。至此,故事就应该圆满了,只是这并不是一个关于补偿的约伯的故事,也许你是那么想的,而是一个媚俗的故事，一个可笑的小丑的职业故事。每个独特的故事都是媚俗的，因为它不符合规律。每个幸存者都证明他们仅仅是在一些情况下发生的生产故障而已。只有死人是对的，其他人都不对。

但死人默不作声……那些会说话的人才是对的。这是你写的句子，我在《船夫日记》中的某处读到过。请允许我问下一个问题：在L形走廊中恍然大悟的直接结果是什么，或者如果你想让我换个词语的话，后果是什么？

其后果是，我花了几个星期甚至几个月，或者说，没人知道我花了多长时间，去写一篇文稿，它每天都让我感到绝望，因为它无论如何也不想成形，不想成为某种有机的整体。它像滚烫的熔岩一样从某个地方的深处往外喷涌，然后无形地蔓延开来，摧毁了周围的一切。

这听起来令人震惊。你好像是在讲述你被有害的激情控制。

正是如此。我每天都在写某种东西，每天结束的时候，我一读完就感到绝望。第二天，尽管有越来越强烈的恐惧感，但我还是重新开始……

是什么引起了你"越来越强烈的恐惧感"？

我不得不屈从于文稿的要求。我不得不认识到，有时我对从我的手下流淌出来的句子毫无准备：它们比我知道得多；它们带来了我所不了解的秘密；它们不能容忍我的干预，它们过着一种独立的、陌生的生活，我应该理解这种生活，而不是去主宰……我慢慢地萌生出威胁性的想法，我需要时间、时间，而且是大量的时间……

为你的职业做准备？

"职业"这个词在这里根本不恰当。我的所谓的"职业"可能顶多是一个后续建设的结果——假如有人想把逻辑妄想偷偷地带入自发且无法解释的进程之中的话。你忘掉职业吧，请尝试去想象一个完全无知的年轻人，他——不知道为什么——开始写作，削铅笔，把白纸铺到自己的眼前，却惊恐地发现，他没有任何理由做这件事情，甚至他所做的完全不合理。

尽管如此，你每天都在继续你的看似无望的尝试。为什么？

出于生存的焦虑，它使我内心的一切都沉默了下来。

出于生存的焦虑……你能换个说法吗？

强迫性精神错乱……绝对的内部命令……完成一项任务……我不知道。

任务不错。也许是你的使命感苏醒了？

绝不可能。我犯了很多错误，但我从来没有使命感。

也许，你的才华是以这种形式出现的。

是的，才华是一个有用的词语，但没人知道它意味着什么。

"最后，事实还证明，我的确有一点写作才华：我不必自惭形秽。"你写道，或者说，《惨败》中的老人写道。"我之所以开始写作，并非因为我有才华，恰恰相反，当我决定写小说时，显然我也顺便决定成为一个有才华的人。我需要它，我必须完成我的工作。我必须努力写一部好书——这么说吧，不是出于虚荣，而是出于事物的本质。"你写道。

嗯，是的。但我压根就不可能知道，三十年后我会变得如此有智慧。

如果你没有觉察到我一直在为我之前的问题寻求答案的话，我再问一遍：在 L 形走廊里你究竟发生了什么事情？

我们要接受：并非所有的问题都有答案。

"在人的一生中有一个时刻，人们会突然意识到自我，其力量会得到解放；我们自己的生命可以从这个时刻算起，我们在这个时刻诞生。"你在《船夫日记》里这样写道。

我们几乎无法更进一步。我记得一个欣喜若狂的时刻，此时此刻，我只能用笨拙的词语来描述。

依然是这个时刻决定了你后来的生活方式。

这是事实。

这把你逼到桌子旁，把你囚禁在纸张中间，你称之为生存焦虑？一般来说，哪种文稿让你烦恼？长篇小说、短篇小说、日记或者冥思？

比如，更可能的是一篇较长的短篇小说……

如你所说，它根本就不想成形。最后的结局是什么？你扔掉了吗？

幸运的是没有扔掉。三十年之后，其中最好的篇章进入小说套着小说的《惨败》之中。

当然，做了适当的修改？

一字未改。

不会是以《我，刽子手》为小标题的那个篇章，贝尔格把它作为小说读给了柯韦什？

没错，就是它。

令人惊叹的作家的节约……其实根本看不出它上面蒙着三十年的尘埃。然而，我现在已经开始理解你是如何铺就通往《无命运的人生》的道路。

我很高兴，你也能对我说这样的话。

你想为监狱里的幸存者赎罪——只是在此期间你把自己的问题放大成了全球性的问题。解决方案不可能是别的，只能是小说。至少在你的情形下如此，因为你是天生的作家。

这个我不知道。我们的出生没有任何目的，但如果能够活得足够长久，最终我们将无法避免变成某种……顺便说一句，你所说的通往《无命运的人生》的道路，对我来说却是一段持续的缺失体验。最后，我埋头于《无命运的人生》的写作之中，我将其作为灾难的实现和一种自我惩罚，因

"
为我无论如何也写不了虚构小说。"这个材料至少你是熟悉的。"我带着少许的健康的自卑,花了一两个月的时间去写作。

这是什么时候的事情?

1960年。

如果我说得没错的话,这一两个月最后变成了十三年。但是,我们完全偏离了时间顺序……L形走廊上的事是何时发生在你身上的?

我也说不清楚。大概是……1955年底。我记得那是秋天,下着雨。当时,我正尝试以所谓的"自由职业者"的身份谋生,而这种生存方式有时会导致生计危机。不管怎么说,我当时在《匈牙利民族报》有一两个朋友,某个专栏的负责人请我写一篇关于火车为何晚点的文章。这样我就到了匈牙利国家铁路公司办公楼的L形走廊里,如果我没记错的话,地点在东火车站附近……

等一下,刚才我们还看见你身穿士兵的制服。因此，你无论如何都得退役……据我所知，你为此陷入了非常冒险的故事……

可以这么说吧。但这属于逸闻趣事了，我们尽可能地长话短说……

在某个早上排队的过程中，你当着众人的面晕倒在地，不是吗？

是的。此前，我从图书馆里借了几本医学书籍。我主要对神经症的种类进行了研究，尤其是昏厥和紧张症。我晕倒了，我得了哭泣性痉挛，紧接着是肌肉僵硬，等等。关键是，我想正常生活……

据我所知，你也去过医院……

细节我就不谈了……他们对我束手无策。

"毕竟，一切都取决于我们的决心是否坚定，而且——这是我的体验——人会轻而易举地发疯，假如他无论如何都想发疯的话。"柯韦什在《惨败》里写道。

"

这是真的。

这一切是什么时候发生的?

1953年夏天和秋天。

如果你在《另一个人》中写得准确无误,那么你也在那年秋天认识了你后来的妻子奥尔比瑙。

是的。

故事里说,那一年,炎热的夏天之后是漫长而温和的秋天。

是这样的,没错。

在一个如此美丽的9月的夜晚,你迈着懒洋洋的步伐从安德拉希(斯大林)路出发,朝纳吉梅泽街的方向走去,你不断地朝路边的那些咖啡馆里望去。在绰号叫"茜茜"的红磨坊酒吧里,只有一男一女两个人坐在因酒红色沙发套和深紫色壁毯而变得暗红的光影里:一个是头发呈稻草色、宽肩膀的水球选手，你曾见过他一面，还有一个是陌生的女人。他们邀请你和他们坐一张桌子。

是的。

你认为这个女人不漂亮，但却非常有吸引力。她奇怪而独特的幽默立刻引起了人们的注意。她问你什么了？

"可以歇在您那里吗？"

"歇？"

咳，就是居住、睡觉，从前的俚语……

你对突如其来的亲密关系感到有点儿惊讶，但你立即就告诉她可以。据我所知，房东正在巴拉顿湖边"简陋的茅草屋"里度假，房子空着——你对看似轻而易举的冒险之旅充满期待与兴奋。在洛戈迪街的院门后面，灯光在一个窗户里闪烁，你们无法躲开看门人猎犬般的目光。然后，你此前所有的设想都崩塌了。

"

是的。

这个女人是真想睡觉。一周前,她从国家保护局的监狱里出来。她的房子里住着别人。她的一个女友接纳了她,但只能在厨房里给她挤出地方睡觉。那天,她感到自己再也不能在"煤气灶旁"睡觉了。据我所知,她就是这么说的。

是的。

我为什么要讲这个故事?

因为我再也不能讲了……

没错,你已经讲了很多遍了。她是《惨败》里的女侍者的原型,在《英国旗》里我们能认出她,在《另一个人》里你与她依依惜别。你们在一起住了多久?

四十二年。

比一代人的时间还要长……"她走了,她带走了我大部分的人生，她带走了我的创作开始并且完成的那段光阴，她带走了我们生活在不幸福的婚姻之中的那些岁月，我们彼此十分相爱。"你在《另一个人》里写道。这是奇特的话语……

你继续往下读吧。

"我们的爱，就像一个脸上带着笑容、张开双臂奔跑的聋哑孩子，他慢慢地咧起嘴哭起来，因为没有人理解他，因为他找不到跑步的终点。"悲伤的隐喻……在前面的某一页，我读到了更悲伤的段落："我和奥（奥尔比瑙）在特劳恩湖。阳台在湖的上方。不管我们怎么看（即使是在淡季），这是一家豪华酒店，是给奥的爱情礼物，这归因于我人生中惊人的曲折经历，以及这些曲折经历带来的机遇。她小心翼翼地接受了，带着对迟到的礼物的忧郁，她表现出拒人千里的态度，是她对不可弥补的苦涩岁月的忠诚命令她这么做的；我一阵恐慌，因为我真真切切地感知到了某种不可改变的东西（也许，人们称之为天命），以及人最终会屈服于事物的顽固性，从而引起情绪低落……"这是什么时候的笔记？

"

1994年夏天。

第二年，1995年，她去世了……在前来参加告别仪式的朋友们的面前，你致悼词……

让牧师或拉比来是不可能的，在职业性的告别仪式上人们会鹦鹉学舌般地说一些愚蠢的陈词滥调……

让我们返回洛戈迪街，我们试图了解究竟是什么把你们撮合到了一起。毕竟，一起度过一个糟糕的夜晚尚不足以迫使你做任何事情，而你就这件事所写的一切，谈得更多的是关于你们两个人之间的区别，而不是共同点。"我当时二十四岁，她三十三岁。"你在《另一个人》中写道。"我来自纳粹集中营，直接来自'最终解决方案'①，然后来自艰苦的 50 年代哀伤的底层——尽管当时还没有显露出任何迹象，但所有这些都是以鼓舞人

---

① "最终解决方案"是第二次世界大战期间纳粹德国针对欧洲犹太人系统化实施种族灭绝的计划，主导了犹太人大屠杀。纳粹德国元首阿道夫·希特勒将其称为"犹太人问题的最终解决方案"。

心的方式，而不是以破坏性的方式影响了我。她作为难民，也是来自战争，她的家人惨遭屠杀，家庭财产——遗产——被瓜分，她从头开始，她的丈夫在摆样子公审期间遭到关押，他的钱和财物被没收，她重新开始，最后她自己也被逮捕，在监狱和拘留营里当了一年的囚犯，所有这一切都与她背道而驰，并打破了她对自己的选择所抱有的信心。她的所有选择，也包括我，尤其是我，都是对她从未犯过的神秘罪行的自我惩罚。"这是有趣的分析，如果考虑到让·埃默里所说的失去"对世界的信任"……

我认为，这没有那么复杂。我们两个人都寂寞，而且都被遗弃。我们彼此需要，后来我们就自然而然地待在了一起，即使对这方面的绝对需求也许已经消失……

她是怎么入狱的？为什么要逮捕她？

你提的问题很好笑。1952年，我们正处于最危险的拉科西时代。当时为什么要逮捕那么多人？仅仅是因为逮捕者的权力是无限的，所以他们可以

"

在任何时候逮捕任何人。生活在独裁统治下的公民，谁不在监狱里，谁就是获得自由的囚犯。相比之下，案件本身即"诉讼"因借口而存在，在任何情况下都是次要的逸事。

她在一个晴天被逮捕，在另一个晴天被释放回家。

在纳吉·伊姆雷[①]短暂担任总理期间，根据他1953年7月发表的讲话，当局打开了拘留营的大门，把"被放逐者"从指定的强制居住点释放了出来。

你们住在哪里？

我们住在出租屋里，但我们不值得把时间花在历史的这个低谷上。随之而来的是一个变化无常而又乏味的时期，这个时期主要充斥着与单纯的生计有关的愚蠢的烦恼……

[①] 纳吉·伊姆雷（Nagy Imre，1896—1958），1953年7月4日至1955年4月18日，1956年10月24日至11月4日，两度出任匈牙利总理。因在1956年事件中的作用，1958年6月被判处死刑。1989年6月16日，匈牙利为纳吉平反。

直到一个美丽的春日上午，你们拉着一辆四轮手推车，"穿越半个城市"——这是我在《英国旗》里读到的……

由于某种令人难以置信的官僚奇迹，当局把奥尔比瑙的那套被非法没收的住房归还给了她。我们把残缺不全的家用物品放到手推车上，离开洛尼奥伊街的出租屋，住进了土耳其街的房子。

这和大约二十五年后那个"老人"站在文件柜前思索的那个地方是同一个地方吗？

完全准确。当然，文件柜已经是后来几十年有机发展的结果。

更准确地说，是集约发展的结果，假如我们只看木材的蜕变，它最初用作沙发床的支架，然后是由它制成的书架服务于你们——《惨败》的每个读者都知道这一点。但是，我们还是回到年代顺序……

这会很难……

"

为什么？

因为这说明不了任何问题。我们不能用顺序、线性的手段把我的人生中这个最黑暗但同时也是最多产的时期关进叙述的陷阱里……

关于这个时期……

关于这个时期，正如你自己最近也做出了断言，我不能用理性的语言来讲述。

所以，我们仍然停留在一个问题上，即在L形走廊你发生了什么事情？

不，因为这个我们已经讨论过了。我以梦游的方式跟踪一个灵感，它越来越把我吸引到远离我的日常世界的地方，我自己也无法知道它最终会把我引向何方。我走出了历史，却又惊恐地获悉，我成了孤家寡人。此时，我们仅靠奥尔比瑙的薪水生活，这一点儿也没有缓解我的处境。

我大致理解你的烦恼。"我一直有一个秘密的人生，它一直都是我真正的人生。"你在《船夫日记》中写道。后来，你更冷漠地甚至是有点儿愤世嫉俗地写道："让任何人都理解我的秘密的忙碌和与之相伴的生活方式，这个想法对我来说是如此陌生，以至于我可以与任何人都轻松地开自己的玩笑，而且丝毫也不会感到自己可笑。"

是的，随着时间的推移，人会历练老成。另外，我必须做长远的规划。

有趣的是，立即……你把自己想象成了一名"法律之外"的作家，就像生活在敌对环境之中并从事秘密活动一样。这个的解释是什么？

非常简单：我就生活在敌对环境之中并从事秘密活动。

你的普遍不信任基于自信的缺失，这不可能吗？

这是可能的。但无论基于什么，我以前不能，现在也不能设想那种在和其社会环境相协调的关系中产生的"合法的"艺术。

"

那么，我问的这个问题似乎是多余的：你是否从未想到过，比如在被视为"常规"的道路上前行时，首先发表短篇小说以便进入所谓的文坛，从而让人们知道你的名字？

确实，这是典型的多余的问题……我甚至不能说，我不想进入所谓的文坛；我的脑子里压根就没想过，我进入、我能进入、我可以进入……甚至，我的脑子里也没有想过，我在家里的四面墙之间所做的事情，人们把它称为文学，文学有其组织形式：作家协会、部里的文学科（也许是司）、出版社的经理部、党的艺术与文学……好吧，我就此打住；我现在只想指出，我之所以顺便知道我们生活在一个极权国家里，它有其自身的特性，假如一个人写小说的话，对这些特性加以思考是没有害处的……甚至，只要不思考这些特性，小说的写作就会卡住……不仅如此，因为我想写的正是这些特性，这里马上就会出现第一个大问题：这究竟是否有可能？

假如我理解正确，这是世界观的问题……

正是如此。我的问题是：假如政权是极权政权，对它的适应是彻底的，那么我们为谁描写受整体支配的人呢？我们为什么要轻蔑地、消极地描写他们？小说家为什么样的神秘实体工作？谁会留在整体之外并做出评判，甚至——因为现在谈论的是小说——娱乐，从作品中学习——更重要的是，从中得出有关未来作品的结论？这个拟人化的或抽象成了上帝的阿基米德支点是谁？荒谬在于，自上帝死后，就没有了客观的目光，我们生活在"万物皆流"的状态之中，没有依靠，但我们在写作时却好像有依靠似的，或者说，好像尽管如此，依然存在永恒的观点、上帝的观点，或者"永恒的人类的观点"。这个悖论的解决方案在哪里？

现在我开始理解你说的话了：你需要时间、时间，而且是大量的时间……

是的，仅仅提出这些问题是不够的，必须首先了解它们。

我发现，你的精神活动根本不受不利的现实的影

"

响……比如，我们从《英国旗》中可以知道，在出租屋的穷困和其他所有的困难中，主要是有一本书打破了你的生活，这本书被你遗忘在屋子里的废物中，是在完全偶然的情况下发现的。甚至，你声称，我们所需要的这本书，无论是偶然还是有意，几乎总是不可避免地会落入我们手中。你就是这样发现《巍峨松根族的血脉》的……

我以为我手里拿的是"指环"的台词本。因为你知道，我当时是瓦格纳的狂热粉丝。

但是，当你打开这本书时，却发现它不是瓦格纳的台词本，而是托马斯·曼的短篇小说。这本书在你的人生中真的扮演了至关重要的角色吗？

是的。现在，你应该想象斯大林时期的精神荒芜。激进的文学以《沃洛科拉姆斯克公路》[1]和《远离莫斯科的地方》[2]为代表……然而，我很快意识到我必须阅读所有的世界文学作品。我一点儿也不

---

[1] 苏联作家亚历山大·别克的纪实小说，又译《恐惧与无畏》。
[2] 苏联作家阿扎耶夫的代表作。

知道我应该如何开始。无论如何，我在一家旧书店里买了一本平装旧书，在翘得像驴耳朵的书页里，保罗·瓦莱里关于莱昂纳多·达·芬奇的精美的随笔平淡无奇地印在上面。我一个字也看不懂，我认为这是非常令人敬畏的。

保罗·瓦莱里……我这一代人顶多只听说过这个名字，假如……

但他是一位伟大的作家。这本书以与"精神危机"有关的书信开始；在斯大林专制统治下，谁会想到精神处于危机之中？我们早就已经度过了这个时期，却没有思考过它……你听听，他是如何描述诗人的："一个真正的诗人的真正状态完全有别于幻想。我只想在其中发现有意识的研究、思想的抚慰、灵魂被锁进美丽的枷锁以及受害者的不断胜利……谁想把梦记录下来，谁就必须清醒地做这件事。如果我想准确地描述我刚刚作为弱睡眠者的怪异和自我矛盾，在我自己的内心深处跟随思考的灵魂坠落，就像一片落叶穿过一片模糊的记忆的深处，我不允许用下面的方式欺骗自己：在没有自我意识最后努力的情况下实现这一目标，

"

其杰作将是期待仅以自己为代价而创造出来的东西。"这样的文字真使人发疯。我很快结识了两位先生,他们经常光顾我也光顾的那些咖啡馆。一位是韦尔迈什先生,外号"蝙蝠耳",他长着小老鼠脸和不成比例的大而半透明的耳郭。另一位是魏斯先生,根据齐洛希·拉约什妙趣横生的关于佩斯俚语的名著《水带走了某种东西》,他给自己起了一个昵称"魏斯带走了某种东西"。他们以前都是书商,在他们的书店被收归国有后,他们把剩下的东西夹在腋窝下或者装在老式破旧的公文包里带走。无论你从他们那里订购什么,他们都能搞到。幸运的是,我有几本"原版的"红色装帧的彼·霍华德的书——我童年收藏的这些书谁知道是怎样留下来的。众所周知,赖特·耶诺"躲"在这个笔名的后面,这是一个拥有奇特幽默感的作家,顺便说一句,他在俄罗斯前线的劳动营里被杀害。当时,他被正式禁止的书籍具有很高的价值,所以我不用现金而用他的书换其他东西。简而言之,在内心深处,我做好了与一位伟大作家进行文学交流的准备,而幸运的是,这时命运把《魏峨松根族的血脉》交到了我的手上。不仅是它的题材的大胆和乱伦让我印象深刻,而且温情的风格、"怨气"、讽刺、知识……你可以设想一下，当我读到这样的文字时，我会受到什么样的影响："作品！作品是如何诞生的？他看到脸色苍白、精疲力竭的女人，她正坐在流亡的男人的大腿上，他看到了他们的穷困并感到人需要有这样的生活才能创作。"——这段文字如果不是对我说的，那是对谁说的？

我完全明白你的意思。

不久之后，《死于威尼斯》到了我的手上。我真的可以说，它改变了我的人生……

在什么方面？

我可以说，从最深远的革命意义上讲，它改变了我的人生。因为《死于威尼斯》使我彻底明白：文学是巨大的颠覆，是对心脏的无情打击，是某种基本的勇气和鼓励，同时还是某种致命的疾病。

如果我没记错的话，你在我们的谈话中曾经提到过，你是一个不可救药的浪漫主义者，同时被现

"

存的社会主义世界所拥抱。你还有与之类似的文学经验吗？

只有一个。在 1957 年的图书周[①]里，我在书摊之间疲于奔波，我在寻找新的但同时我也能买得起的书。一本薄薄的黄色封皮的书到了我的手上，这是不知名的法国作家写的一本不知名的书。我只是站着读了几个句子，然后看了一眼封底：价格十二福林。

这是加缪的小说《局外人》。是真的吗？

是真的。这对我是第二次致命的打击。有好几年我都无法平复。

卡夫卡呢？

当我发现他的不可估量的价值时已经太晚了，在那个时代，我们已经不太容易受最初的难以忘怀

---

① 指"节日图书周"，通常每年 6 月份在布达佩斯市中心的步行街举办，其历史可追溯至 1929 年。

的经历的影响。我把这个归因于当时的图书出版，它首先是隐瞒卡夫卡，然后是贬低他，最后——当已经出版后——就将其塞到柜台下面，不让读者看见。

因此，两位彼此完全相反的作家，阿尔贝·加缪和托马斯·曼塑造了你的文学品位。我还想加上托马斯·伯恩哈德。

绝对正确。在一段时间之内，你可能非常喜欢伯恩哈德，但你很快会把他的书束之高阁。我们是不是文学味有点儿太浓了？

也许是的，但它属于我们的主题啊。

是的，是的；我正在思考：为什么我对你的措辞"文学品位"很不满意。

是吗？你意识到了？

里面有某种随意之处，这不符合事实。我仿佛在高雅地翻看一本非常厚的书，徜徉于"文学"之

"

中,然后指着两位作家:他们就是我的品位。然而,事实并非如此。这两位作家都作为灾难闯进我的生活,在这里,我是在根本性的颠覆的意义上使用灾难这个词。的确,我选择了这些作家,但我不能不选择他们。

尽管如此,他们的作品并非偶然地落到了你的手上?

"偶然"这个词没有意义。它没有解释任何东西。我可以毫不犹豫地用"必然"这个词来代替它,而且殊途同归,尽管这两个词的内涵似乎相反。

没错。所以,我们一直在寻找解释:是什么把你囚禁在了纸张之间……

虽然理智告诉我,我的时间花得没有意义,我的存在如同寄生虫,但我非常认真地对待这两种论点……后来,我经常想起萨特的一句话,这句话可能来自他的《词语》一书:"我们总是用我们的语言说话,但我们总是用别人的语言写作。"然而,当时我还不知道这句话,我有点儿感觉自己就像一个已经离开巴别塔的人，但却没有抵达任何地方。

你说的巴别塔在这里到底什么意思？

它指一种情况，在此种情况下我们不仅不理解彼此的语言，而且也不理解我们自己的语言。

这就是你现在正在寻找的东西吗？

我想是的。但实际上我在寻找第三种语言，它不是我的，但也不是其他人的，而是我必须用来写作的那个语言；只是当时我对此一无所知，这样一来，我越是想"更直接地"写作，文字就越显得虚假。

现在，我们换个话题：你习惯阅读关于你作品的书评吗？

每过一段时间，我都会阅读，而且格外谨慎。

你说的谨慎是什么意思？

你看，你需要高度的信任才能出版一本书。"把书从你的手里交出去"——这个措辞在这里有它的分量。你也可以说：你把书交给了人们。

除非你想成为秘密作家，否则你别无选择。

正是如此。一方面，你需要知道，你已经把自己完全交了出去；另一方面，这正是你所追求的目标。所以，你处于具有讽刺意味的境地。而你之所以需要谨慎，是因为你永远无法用别人的眼光看待你的作品，尤其是用批评家的目光。

但是你有时依然会读书评。为什么？

因为人的弱点。而且，因为有时是有教益的，特别是在一个像我们这样的饱受审查制度、意识形态和权力斗争摧残的社会里。批评在这里已经成为一种独立的体裁，通常与它正在谈论的作品毫无关系。它是一种抒情体裁，比诗歌更具诗意。

这是你的感受吗？在几十年默默无闻之后，关于你的书籍和专著于 2003 年在匈牙利出版了。

我不想忘恩负义，但我没有一次觉得这些著作真的是关于我的，对我的作品探讨得就更少了。唯一的例外是莫尔纳·沙劳的书《同一主题的变异》，然而它是在《K君的档案》手稿最终收尾之前出版的。尽管如此，莫尔纳·沙劳的文本分析有深刻的洞察力，我已经没有时间以足够认真的态度来回应她的移情分析；但假如有人想通过批判性分析来理解我的作品，我敢把这唯一的一本书推荐给这个人……

你觉得人们不理解你？

我不理解他们。我们说不同的语言，我们看重不同的价值观。但就我而言，我最愿意以此结束作品批评这个话题。既无成果又无聊。

尽管如此，随着时间的推移，你作为作家的存在仍然是一个有待解决的问题；至少我马上将要引用的这个来自《给未出生的孩子做安息祷告》的华彩段落是这么说的："最终，尽管情况危急，我还是在我的道路上彻底清除了匈牙利成功作家这个可耻存在。我的妻子（早就是别人的妻子了）

说,虽然成功作家所需的天赋你都有(这让我有点儿恐惧),但她并没有说让我放弃艺术原则或其他原则。我的妻子说,她只是让我不要胆怯,而且越是尽可能多地或者尽可能少地(放弃我的艺术原则或其他原则),越要更加努力实现这些原则,即最终实现自我,获得成功,因为每个人都为之奋斗,即使是世界上最伟大的作家也是如此,不要欺骗自己。她问道,如果不想成功,那你到底为什么要写作?这无疑是一个困难的问题,但现在还不是我要讨论它的时候……更重要的是,这甚至更危险,对于成为匈牙利不成功的甚至失败的作家的可耻的存在,我还是有天资的,在这里我又与我的妻子发生冲突,她又是对的,因为一个人一旦踏上成功之路,那么要么成功,要么失败,没有第三条路。的确,假如选择其他的生存方式,结局也是如此,但两者都是同样丢脸,因此就像酗酒一样,我有一段时间完全逃进了文学翻译客观的麻木状态之中……"这是小说的讲述者说的,他非常像你。我看见你在笑……

你承认吧,我在这里切中要害……但当然了,《给未出生的孩子做安息祷告》完全是虚构的……

然而，这是你在独裁统治时期的后期阶段写的。充满了讽刺，你在这里面非常准确地描写了作家，即本质上从事精神劳动的人在封闭的社会中的困境……

在那里生活无论如何都是耻辱。为了写新小说《清算》，前不久我翻开《给未出生的孩子做安息祷告》，我自己也被渴望死亡的真诚震撼，这是创作这部小说的初始原因，也是这部小说的精神导师。

在《船夫日记》中，你花了好多篇幅探讨自杀，博罗夫斯基、让·埃默里、普里莫·莱维最终都没有经受住这种诱惑，这似乎让人感到有点儿困窘……

你认为，诱惑在这里是一个正确的词吗？

这个问题应该由我向你提出来。你的一些日记听起来像是辩解，在这里，我想到的并不是你的被多次引用的自我反省。你在自我反省中说，拯救你生命的，实际上是你从纳粹统治直接跌进斯大林统治，因此你没有像生活在自由世界的其他人那样受到希望的诱惑；相反，你的不显眼的言论引起了我的关注，比如："在某些情况下，自杀是不可欣赏的——可以这么说，它是对悲惨的人的不敬。"

是的，在奥斯维辛之后还活着，嗯……有点俗气。我可以说：需要有一个解释。

在你写的有关埃默里的随笔的结尾处，你把埃默里称为大屠杀的圣人。

一个完成了的、做过证的人生；他确切地知道，什么时候可以穿越巅峰……

你不会是嫉妒他吧？

钦佩中总是夹杂着一点儿嫉妒。无论如何，他给了自己的生命以形式，对此我没有足够的力量。

在你最后一部小说《清算》的主要人物 B 的创作过程中，埃默里的榜样——还有他的形象——没有给你启发吗？

我保留着一张他的照片。他坐在一张公共长椅上，双臂伸开搭在靠背上。他在微笑。我一生中还从未见过这样的笑容。

我熟悉这张照片，我也有。可以这么说，除了苦涩之外，他身上确实有某种超凡脱俗的东西。

是的，我来回答你的问题：在小说的写作过程中，我多次取出这张照片，有时会端详半个小时。

带着作家冷静的兴趣，还是带着人的不想停止的内疚？

我不知道如何将人与作家分开，反之亦然。无论如何，我试图找到唯一真实的解读。

从作家的层面对人进行解读？

对人的解读和对其处境的解读。

你能说实话而不是解读吗？

"

我不知道什么是实话。我不知道，知道什么是实话到底是不是我的任务。正义的艺术家通常是糟糕的艺术家。正确的人，通常是不正确的。让我们尊重人的易错性和无知，没有什么比一个人的正确更可悲……

我想，我明白了你的意思。从故事的结尾来看，你实现了自己的目标，而且你是对的。

那么，我们继续进行这个对话就失去了意义。可以这么说，它戏剧化地完成了。现在让我们来看看，最后形成的是什么样的故事。

嗯……一个艰难而成功的写作生涯的故事……

那么，我们现在来看看，成功故事和生活是怎样相互关联的。我承诺要对其进行阐释。

显然，第一次、表面调查的结果将是荒谬的……

在这里，我们如何理解荒谬这个概念？

外部与内部关系不大……

也就是说，故事与存在……

关系还是有一点儿的，你的小说源于你的存在，而你的成果则源于你的小说……

我的界定是，这些小说早就与我分离了，所以它们不再是写作时的小说了——充满冒险，看似无法完成的任务。

好吧，头奖也取决于轮盘赌转轮的旋转，而不取决于玩家此前所经历的决策、搏斗和冲突……

这个比喻不错。我只是提醒你注意叙述的困难。据说荷马是个盲人，也许并非巧合。假如我们不知道我们在谈什么，那么我们将很快陷入存在与看似已实现的目标之间的无法比较的——无法衡量的——关系，在这里我们必须放弃一切。此外，我们本着逻辑的精神陷入这种逻辑的僵局。

假如我们中止逻辑呢？

"

这似乎是最有用的方法。我可以将自己的人生看作是一系列有时有意义、有时荒唐的斗争。然而，在人生的各个阶段不允许追求权宜之计，因为要是那样的话，我就会得到错误的结果。

尽管如此，你依然受目标的指引；当你从一个阶段跨入下一个阶段的时候，你肯定为自己设定了某种目标……

也许吧。但这是生存法则：一个人面向未来而活着，但这并不意味着他在向前迈进。我接受目标可以起引领的作用，但这仅仅是幻想，我们想象中的未来还不是现实。并不是未来在等待着我们，等待我们的只是下一个瞬间，谁看得比这个瞬间远，谁就是欺骗自己。

在大多数情况下，我们所有人都生活在这种层出不穷的自欺之中。

毫无疑问。与此同时，我们试图忽视最终的目标……

我在你的书架上看见了太多的叔本华的书。

你瞧，所有伟大的哲学都是为克服对死亡的恐惧而服务的哲学，但真正伟大的哲学通过接受死亡来克服对死亡的恐惧。

你是否仍沉迷于自杀的念头？

是的，但与以前有所不同，在独裁时期，它似乎是……唯一替代选择。

你能把话说完整吗？

当然可以：它似乎是屈辱地继续活着的唯一替代选择。

所以，我们可以说，令人欣慰的自杀念头帮助你活了下来吗？

完美的悖论。我还从来没有对自己这么说过。

我正想问：这种无休止的自杀游戏是认真的吗？

"

如果是,它在多大程度上改变了你的观点……

你好奇的是:我用了什么样的技巧来拖延时间,我——最终的——生存方法是什么,我是用什么办法以及如何欺骗自己的?如果我说:我一直想死,可我没有死,我总是写出一部书来——这是一个优雅的借口,不是吗?

假如我是从一位格言作者那里,例如,在齐奥朗的书中读到这句话,我会满意的。然而,我希望从你这里得到真实的答案……

我不知道,假如我手头有某种不太残酷的工具,比如吗啡或者别的可靠的毒药……总之,我不知道,我会不会偶尔陷入严重的生命危险之中。我不了解在哪个西方民主国家里有为我的启发法提供营养的绝望情绪。另一方面,最近我在整理《清算》的笔记时发现了一张小卡片……你等一下,我马上就能找到……它在这里:"再一次,那些年,令人压抑的独裁统治的气氛,快乐的自杀念头,七八十年代的整个的死亡游戏……"

我明白。病态的，但可追溯。独裁的审慎的魅力……你是否曾与奥尔比瑙谈过这类事情？

不，根本没有谈过。我们有另外的事情：我们必须生活。

她不能找到比当侍者更好、更轻松的工作吗？

不能。我提到过她的丈夫曾被用于一场摆样子的审判，判决书中还包括没收财产。奥尔比瑙必须立即离开那套大的民房，并且马上找工作。她没有一技之长，但是有驾驶证，这样她就在一家名为 TEFU 的国营货运公司当了卡车司机。就像是惩罚似的，她和与她类似的"落难者们"以及几个真正的专业司机在清晨运送蔬菜和牛奶。这意味着在商店门前卸货的时候，他们必须与卡车寸步不离。她是一个足够显眼的人，她从前的生活给她留下了长长的红指甲和一只狼狗，她开车时带着狗，因为她找不到能帮她照顾狗的人。那只狗乖乖地跳上了卡车的货箱，但一旦它到了上面，就开始"守护"卡车，就连装卸工人都不敢冒险靠近卡车。

我能想象得出这怪诞的一幕。

我们走到一起之后,她很快就在所谓的餐厅和小卖部公司找到了工作。当时,这是一项巨大的特权:公司的经理是一位名叫欧诺迪·拉约什的前足球运动员,他把一大批落难者和被生活抛弃之人聚集到自己的身边。有伯爵的洗碗女工、沦落为调酒师的男爵夫人、被抛弃的足球运动员的妻子——什么样的人都有。奥尔比瑙在今天已不复存在的奥巴齐亚咖啡馆里找到了侍者的工作。

这期间,你在家里阅读叔本华。

也可以这样说。

老实说,你把这四本厚厚的书都读完了吗?

《附录与补遗》?当然。甚至,这一度是我的基本读物;它的不朽功绩是,它引导我去读康德。

又一本你需要的书,它几乎是必然地到了你的手上?

正是如此。如果我没记错的话,《判断力批判》的匈牙利语新译本是 20 世纪 60 年代出版的。我买了一本,但却没有读,书就一直躺在那里,谁知道躺了多长时间。有一年夏天,我和奥尔比璐去巴拉顿奥尔马迪①度假。我为什么把这本书装在了箱子里,这真是一个谜。7 月的明媚阳光被雨天取代。从我们租的房间可以走到一个有遮挡的木阳台上。我翻开这本书,然后就爱不释手了。我如饥似渴地读着,就像我小时候读阿加莎·克里斯蒂的侦探小说一样。它确认了——正如我一直猜想的那样——世界并不是"独立于我们而存在的客观现实",而是恰恰相反:我存在,世界才存在,而且是在空间、时间和因果关系赋予我的条件之下,只依照我的想象而存在。

假如我没记错的话,这本书中的许多内容后来遭到反驳。

这不影响我。这段伟大的文字充分证明我是对的,

---

① 巴拉顿奥尔马迪(Balatonalmádi),匈牙利维斯普雷姆州的一座度假小城,位于巴拉顿湖北岸。

而且拯救了我。我为什么要对事实感兴趣?无法反驳康德,就像我们无法反驳一棵橡树一样。它破土而出,扩冠,屹立在那里。有时候,我们会需要它,于是我们站到它的阴凉里,就像欣赏一个伟大的、令人鼓舞的榜样那样欣赏它。

这听起来像是一个信条,对你来说很不寻常。所以,正如你提到的,你从1960年开始写《无命运的人生》。那时,你三十一岁,照片上的你是一个身体状况良好的、坚定的年轻人,你——根据已被多次引用的小说《惨败》的最后一章——没有利用机会,"从这座拒绝一切希望的城市,从这个反驳一切希望的生活中"逃走。
"去哪里?"他不解地问,"难道不都一样吗?"他的朋友斯齐克拉生气地说:"随便去哪里。去外国。"在柯韦什的耳朵里,外国这个词就像节日的钟声一样突然响了起来。"遗憾的是,我不能去。"他说。"为什么不能?"斯齐克拉再次停下来,一脸的惊愕。"你不想自由吗?"斯齐克拉问。"怎么不想呢?"柯韦什说。"唯一的问题是,"他笑着说,仿佛是在辩解,"我必须写一部小说。""一部小说?!"斯齐克拉惊讶道。"正巧是现在吗?

你以后可以在别的地方写啊。"斯齐克拉说。柯韦什尴尬地微笑道:"是的,但我只会这唯一的一门语言。"他的声音中透出焦虑。"你以后会学会另一门语言的。"斯齐克拉打了个手势。"等到我学会了的时候,"柯韦什说,"我就会忘记我原来的语言。""那你就写另一部小说。"斯齐克拉的声音听起来几乎是恼怒的。可以说,柯韦什仅仅是为了面子,而绝没有抱让对方理解的希望,他说:"我只能写对我来说可能是唯一的一部小说……"他们一声不吭地站了一会儿,然后迅速地互相拥抱。之后,斯齐克拉就消失在了人群之中,柯韦什则在街角转身,拖着缓慢而沉重的步伐回家,好像一点儿也不着急似的,因为他早已猜想到了未来的所有痛苦和耻辱。

我故意引用这个情节,是因为在你的怪诞之中,我依然感到非常真实……

你有理由这么认为。我认为,重大的决定实际上都是如此怪诞……

究竟为什么?

因为这是无法解释的。你必须在夸夸其谈和沉默之间做出选择。

我觉得在《英国旗》之后,我们不再需要谈论1956年。20世纪60年代末已经以国家失忆症为标志。

是的,此时我注意到了一种集体道德——或者更确切地说是"不道德"——的形成、功能性的人和无常的命运。

在《船夫日记》中,我们可以读到你对这一发现的长篇分析,即"关于易受整体影响的非实质性的人、功能性的人"。《清算》中的一个人物已经粗略地谈了"幸存者"的类型:"我们所有的人都是幸存者,这决定了我们变态的发育不全的思想。奥斯维辛。之后是我们度过的这四十年。"我现在感兴趣的是,你说的"集体道德"具体是什么意思?

它是指匈牙利特有的一种本着生存精神而发展起来的共识,它在本质上基于"对现实的接受"。

这里的现实意味着在1956年革命[①]被镇压后形成的卡达尔政权……

是的,它意味着这种破坏所有道德、精神行为的廉价的墨守成规,意味着这个小资产阶级警察国家,它自称社会主义,但其真正的榜样是霍尔蒂之类的专制的、傲慢的、杀害灵魂的、封建的、半欧洲的、军国主义的、由独裁者随心所欲地进行统治的顺从的和堕落的社会。

当时的玩笑说,匈牙利仍然算是"社会主义阵营中最快乐的兵营"。

假如我想讽刺的话,我会说,这个经历过18世纪开明专制主义的国家在历史的发展中现在已经达到了自由的集权主义。

你在《船夫日记》中写道:"世界时间,这个盲目地发出嘀嗒声的机器,被困在这里的一个坑里,

[①] 指1956年事件,又称匈牙利10月事件,1956年10月23日至11月4日发生在匈牙利,是由群众和平游行引发的武装暴动。在苏联的两次军事干预下,事件被平息。

现在小人们迅捷地将其覆盖，以便拆卸它，或至少使其静音。"

随之而来的是有限度的安静。卡达尔制度的安静。

也许这对某些事情有好处：写小说需要安静，不是吗？

也可以这么理解。人可以把自己的要求降到最低限度。这就是我 1956 年留下来的原因之一。廉价的生活和安全的藏身之地。奥尔比瑙恳求我说，我们离开这里吧……

是否可以提一个问题：你是否后悔没听她的话？

可以提，但没有答案。

你说，你首先受语言的约束；其次，迄今的谈话表明，你的令人震惊的文学经验几乎全是从外语作家那里获得的，而你读到的他们的作品的译本也是良莠不齐。匈牙利的传统难道就没有对你产生影响吗？

看样子，没有。我是后来才涉猎克鲁迪[①]、索莫里（我非常喜欢他的散文），还有欧特利克和曼迪，甚至马洛伊（他的书只能以走私的方式获得）。

这可以解释《无命运的人生》的语言的异化吗？

不。《无命运的人生》的语言的异化只能用主题和叙述者的异化来解释。

我正在寻找一个问题的答案：在匈牙利的精神生活中，你如何"成功地"把自己完全边缘化，而且在某种程度上——作为与曼迪·伊万同类的作家——你几乎没有出现在"边缘"？

在卡达尔时代，这大致符合我的志向。

假如仔细阅读的话，《船夫日记》的某些段落依然证明，你的反自然的情况对你造成的损害比你自己承认的还要严重。

[①] 克鲁迪·久洛（Krúdy Gyula，1878—1933），匈牙利作家。

"

你看，有一种综合征，我称之为独裁-精神分裂症。每个艺术家都渴望自己的作品获得认可，尽管他清楚地知道，被公众关注是他不想要的。然而，让他难以忍受的是，他创作的作品无人知晓。有一次，在西格利盖特创作之家的走廊上，一名不认识的同事找我搭讪。他可能刚来不久，因为我在这里还没见过他。"你是凯尔泰斯·伊姆雷吗？"是我。"是你写的《无命运的人生》吗？"是我。然后，他就来拥抱我，行贴面礼——他是一个高大强壮的男子，我几乎无法从他的胳膊里挣脱出来。他赞美了这本书很久，但并没有说蠢话。后来我才知道他是谁——党的一个主要的思想家、主审查员，所谓的超级校勘者、可疑手稿的终审。他还是一本评论杂志的主编，在他的热情推动下，他让一位无名作者写了一篇关于我的书的废话连篇的文章，发表在该杂志的一个不起眼的角落里，这里全是关于微不足道的图书的简短评论。

美好的故事。但是，我们可以从中吸取哪些我还不知道的教训呢？

如果我没记错的话，你问过我如何在匈牙利的精神生活中成功地把我自己"边缘化"。如你所见，我不必非常用力就能做到这一点。卡达尔时代的价值体系像涂了润滑油似的，可以说是自动运作，完全独立于那些操控它的人。奥威尔的"双重思想"对这里的人们来说是一种不言而喻的属性，以至于任何的私人信念或个人观点都无法动摇它。

如何能够清晰地表达自己的信念和个人观点？

通过把它与"必需的"言论和实际行动完全分开——其后果可以转嫁给现有的世界秩序、独裁统治，所以没有人感到自己可耻。

也没人感到自己是疯子……

恰恰相反，由于务实的理智站在他们的一边；在这里，只有生活的阻碍者、抗议者才可能是疯子。

我在《船夫日记》里找到一篇有趣的笔记，你当时——1964年——用英文和匈牙利文写成，我原汁原味地引用如下："He was a lonely ghost uttering a truth that nobody would ever hear. But

> so long as he uttered it, in some obscure way the continuity was not broken. It was not by making yourself heard but staying sane that you carried on the human heritage. 他是个孤独的鬼魂，说了一句没有人会听到的真话。但是只要他说出来了，不知怎么地，连续性就没有打断。不是由于你的话有人听到了，而是由于你保持头脑清醒，你就继承了人类的传统。——莎士比亚。"

奥威尔。

但你写的是莎士比亚，我想，你是出于谨慎……

独裁-精神分裂症。万一有人搜查我的笔记本……

这是你为精神上的自我保存而奋斗的书面痕迹。

这些笔记当时对我非常重要……

为了让你保持头脑清醒。依我看，在卡达尔时代，这是最困难的事情：保持清醒的头脑。如果《船夫日记》里有诗歌，则其根源就是为清醒的头脑而进行的奋斗……现在让我们来谈轻松的体裁吧。你能告诉我你如何成为上演了很多场的音乐剧和通俗话剧的作者吗？

平淡无奇。我已经讲过一百遍了。

在《惨败》中，我找到了下列一段文字："我在写小说的同时，为了谋生，我写了一些愚蠢至极的音乐喜剧（我欺骗了我的妻子，在'首演式'上，她在昏暗的观众席上等待着我身穿为此特意缝制的浅灰色西装，在掌声中出现在舞台大幕的前面，想象着我们见底的生活终究会慢慢地有起色）；但在我频繁地去有关银行的支行提取我的愚蠢的作品的演出提成之后，我立即带着小偷的良心溜回家重新投入小说的写作……"这听起来好像写喜剧成了你真正的任务，你把写小说看成是混时间，就像辍学一样……

没错。实际上，与我给集邮或饲养稀有鸟类的解释相比，我对此给不出更好的解释……

你是缺乏自信，还是更害怕你不能让你周围的人

"

信服？

毫无疑问，我不具备先知的说服力。我能说什么呢？你们等着吧，事实将会证明我是谁……在此之前，我总得谋生吧？

但因为你有妻子，她喜欢……

我们清贫而且孤独，在这方面我们不能自欺欺人。德加说，艺术家必须怀着罪犯作案时的那种心态投身于他的创作。假如我开始工作，世界会变成我的敌人……

这听起来很残酷。顺便说一句，我听说佩斯的一家剧院最近向你提议上演你的一部老戏。

我几乎无法劝阻他们。

你为什么不同意上演呢？

你瞧，这些剧作当时服务于唯一的实际目的：我的生计。在精神上——可以这么说——它们不包含我的任何一个分子。

你究竟是怎么想到用浅薄的戏剧来养活自己的？

我提到过是吧，我有一小群朋友，他们是有抱负的年轻人，在斯大林主义的兴盛时期，我们一起分析莫尔纳·费伦茨的剧作……1956年，这群朋友就散伙了……

《惨败》里的喜剧作家斯齐克拉出国了……

我的朋友卡洛伊是个有血有肉的人，然而他却留在了布达佩斯并实现了自己的梦想——他成了著名的舞台剧作家，后来他的一个剧本在布达佩斯的一家剧院里上演了四百场。简而言之：大概在1957年末至1958年初这个冬天的一个寒冷的下午，他来到土耳其街的房子，把我铺在破桌上的纸张、削尖的铅笔、橡皮推到一边，提醒我说几年前我给他谈过一部有四个角色、只有一个场景的喜剧。他问我是否已经写完了，我没有写。那么，必须赶快写。我没时间，我正在写小说。两者并不互斥，莫非你想饿死吗？有力的论据，但我不会写剧本。我们一起写吧。但假如我的脑子不够使呢，比如，我没有能力想出情节。我们一起想吧。

你们想出来了吗？

是的。后来，我自己也能写对话了。

为什么这个剧本如此紧急？

1956年起义后，有好几个演员被禁演。一些人另谋职业，另一些人则临时拼凑起"剧团"——转战全国各地，租一个大厅，上演某个无害的戏剧。一个有四个角色、只有一个场景的喜剧可以装进一辆小汽车……

我明白。那么，文化部门不设置障碍吗？

恰恰相反，逐渐稳固的卡达尔政权需要笑声、非政治性的轻松的剧目以及"和平的"歌舞升平的气氛。这真是令人反感，不是吗？

是的。你的剧作的美满结局为维护因循守旧做出了贡献，而你用你的文学作品和整个一生都在激烈地反对这一点。

你瞧，这是一个组织良好的独裁统治。生存的压力把我塑造成了合作者。

人生要么示威，要么合作——你在小说《清算》里写道。

没错。有一天我写着小说示威，第二天我写着搞笑的剧本进行合作。这仅证实了我曾经说过的一句话：就像流行病一样，卡达尔时代的价值体系波及到了所有事和所有人，在这里没有人能保持无辜或免于感染。

说真的：写剧本真的给你造成了冲突吗？

没有。我把它视为那种维持生存的笑话。

这么说，你出席了首演式，然后带着小偷的良心……

确实如此。

你和你的朋友卡洛伊一起写了几个这样的剧本？

四五个吧，我也不知道。

然后你就转而搞翻译……

但这只能在《无命运的人生》出版之后发生。

那么，你还是应该感谢《无命运的人生》……当时，遭到出版社拒绝让你感到惊讶吗？

实际上，既惊讶，又不惊讶。它以某种方式与通常发生在我身上的一切相吻合。

你没想到"专家们"的判断中可能存在着某些道理……在对你的小说的判断中，你可能会犯错吗？

我的脑子里没有出现过这样的想法。很明显，出版社的信中包含胡说八道的成分，整个的抨击只是拒绝的借口。

然后呢？你对退稿做了什么？

我"暂时"把它放进了文件柜的一个抽屉里。

所以，你忍受了你的书将不能出版这一事实？

我记得，我还没有到这个境界。

可是……你想到了什么？你感觉到了什么？

无休止的厌恶和自卑，仿佛是应得的命运似的。

我在某处读到，乔伊斯夸耀说他有一百多封退稿信……普鲁斯特的《在斯万家那边》被伽利玛出版社的一个名叫安德烈·纪德的编辑退回……

这些不是类似的例子。乔伊斯、普鲁斯特通常遭遇的是出版社的不理解和精神上的懒惰。这些都是可以理解和可以克服的障碍。然而，我是被极权制度的相关执法部门拒绝的，这是一个伪装成出版社的审查办公室，由军事特勤局的一名前任负责人领导；这里的关注点早就与我的书无关，而与对权力的挑战有关。人们大致知晓此事，可恶的权威会用毁灭性的举动把肇事者毫不犹豫地扫到一边,就像清除某种路障一样。

不只是已多次提到的独裁-精神分裂症让你看到了这一点?

我不这么认为。

但最终还是有一家另外的出版社出版了你的书。

不是一家另外的出版社,而是另一家出版社,因为不存在更多的出版社。而这另一家出版社也可能像第一家出版社那样拒绝这本书。

这是真的。

而当时也没有更多的机会。

这也是真的。现在让我们停留在这种紧急情况之中:一家出版社退回了你的书,另一家出版社尚未答复。假如你从另一家出版社也收到否定的答复,将会发生什么?你会停止小说的写作吗?

我认为，这个问题永远不会以这种形式出现在我的脑海里。我顶多再也不会为我的手稿寻找出版社。

现在，我想回到你在前面说的一句话，你之前说，你的书也可能被定性为对权力的挑战。你在这里指的是"主题"——大屠杀——本身，还是在《无命运的人生》中对它的加工？

我指的是这部书单纯的创作、其风格及独立性所意味的所有的厚颜无耻。我也指在小说的语言中所隐藏的燃料——它突破了所允许的框架，摈弃了所有的独裁政权对认知和艺术所规定的懦弱的俯首帖耳。

我在你写于这个"歇息期"的《船夫日记》中发现了你对一个重要认识的描述："我听说，写'这个'题目已经晚了。现在已经不合时宜了。我还听说'这个题目'应该早写，至少十年前就写，等等。然而，我现在再次意识到，除了奥斯维辛的神话，我真的对什么都不感兴趣……无论我思考什么，我总是思考奥斯维辛。即使我表面上完全在谈论别的事情,但我仍然在谈论奥斯维辛。我是奥斯维辛幽灵的媒介,奥斯维辛通过我在说话。与此相比,我把一切都看成是愚蠢的……奥斯维辛和属于它的东西(但现在有什么东西不属于它吗?)是自基督教创始以来欧洲人最大的创伤……"在制度转轨几十年之后的今天,你依然这么看这个问题吗?

经适当的修改之后,是的。

为什么?发生了什么变化?

一切都变了。世界也变了,政治也变了,你也变了,我也变了。

让我们看看发生了多大的变化。你今天还会用同一句话谈论奥斯维辛和基督教吗?

我的话语的严厉程度比以往任何时候更甚。因为对于接受欧洲伦理文化教育的人而言,正是在这种语境下,奥斯维辛致命的意义才得以揭示。这个文化的十大戒律中的法则之一是这样说的:你不要杀人！假如大屠杀能变成日常实践，甚至变成日常工作，那么就必须确定这种文化是否有效。在欧洲，从小学开始我们所有人——杀人犯和受害者——都被教育要接受这种文化虚幻的价值体系。

你勾勒出了一个可怕的幻象：数百万背着书包的孩子奔向学校，目的是日后作为作恶者和受害者在火葬场前挖出来的用作集体坟墓的壕沟前再次相见……我们最终到了这里，这是我们要谈的主题吗？

看来，如果我们开始谈论文化和欧洲的价值体系，我们很快就会碰到屠杀的问题。

在你较早的一篇随笔中，你得出以下结论："大屠杀——根据其基本特征——不是历史事件，正如，上帝在西奈山把一块刻有文字的石碑交给摩西，也不是历史事件。"

也许，我应该这么说：大屠杀不只是历史事件。毕竟，作为历史事件，它有其非凡的重要性。此外，它不会沦为纯粹的历史事件。

"

你写道:"问题是这样的:大屠杀能否创造价值?"为了清楚地说明这个问题,你事先指出:"如果我们调查大屠杀是否是欧洲文明、欧洲意识至关重要的问题,我们会发现,它是至关重要的问题,因为必须由在其框架下实施大屠杀的同一文明做出回答——否则它自己将会变成事故性的文明、残疾的单细胞动物,将会无助地走向毁灭。"这是你写的有关让·埃默里的随笔。你1992年写的,标题是《作为文化的大屠杀》。

今天我也会照样这么写。

你是想说问题尚未解决吗?

不,我没说。恰恰相反。假如在欧洲国家之间的共识中,我们不能逐步发现这一决定的积极迹象,那将是政治上的盲目。

不过,在我看来,你似乎仍然对某事保持沉默……

你看,有一点也许我们能记得住,奥斯维辛灾难尽管是可能发生的,但对这一独一无二的犯罪行为的独一无二的答案,道德净化,是不可能的。正是现实使它变得不可能,我们的日常现实、我们正在过的生活使奥斯维辛灾难成为可能。

这是相当严肃的评论……你认为需要发生什么才能……

我不知道。我认为,这个不应该问我。

2005年,大屠杀博物馆在匈牙利开馆。备受争议的大屠杀纪念碑在柏林落成。世界各地都在纪念奥斯维辛集中营解放六十周年……显然你也受邀参加各种纪念活动……

当然。许多纪念场所都向我发出邀请,我不得不逃避这一切。

为什么?

我没有力气去。我无法克服自己的不情愿。

我希望你说出确切的原因。不管是多么的残酷……

"

我不知道,我是否有这个能力。你瞧,大屠杀的耻辱唯独没有玷污死者。然而,携带着幸存的标签是一件痛苦的事情,无人对此做出解释。你留在这里,以便传播奥斯维辛的神话——你留在这里,就像一个古怪之人。你受邀参加周年纪念活动,你的犹豫的脸庞、哽咽的声音被录到电影胶片上,你没有注意到你成了一次虚假谈话的庸俗配角,你在廉价地讲述你的故事,而慢慢地你自己都对它不甚了解。你没有为你的失传的故事而哭泣,而是抱怨日常的食物配给。你一扫周年纪念演讲的满腔遗憾,因为你以为弥撒为你而举办,到了后来才发现,你已经演完了自己的角色,这里不再需要你了。

尽管如此,几年前你还是参观了奥斯维辛集中营。

是的,德国科学院于2000年在克拉科夫举行例会,我不能抗拒这个机会。

你在那里做了一份笔记,在我们准备此次对话时你给我看过。假如我请求你在这里公开这份笔记,因为它不包含其他人不能听的内容,你是否会认为这是冒犯你?

我没有任何异议。

它是以日期开始的,是吧?2000年4月3日。"我和德国科学院成员在克拉科夫。我为什么从那里去了奥斯维辛和比克瑙?我屈服于什么样的挑战?在那里诱惑我的虚荣的满足感从哪里汲取营养的?我登上了指挥塔。怎么说呢?这个地方的风格令人着迷,令人震动。空荡荡的场地,这个残酷且真实的景观出卖了一切。我从坡道上走过,茅格蒂①走在我的身边。她大部分时间都沉默不语——我们俩都沉默不语——但我依然无法摆脱我正走在坡道上、茅格蒂走在我身边的那种感觉。无论怎么看,这都是一条凯旋路。我严重地冒犯了亡灵。我当时知道这个吗?在火葬场的废墟中,一位科学院的同事——大约五十岁的衣着考究的德国绅士——眼泪汪汪地扑到我的怀里,我扶住他,好像我赦免了他似的。但现在我真的意识到了这个场面的怪诞之处。我逃了出去,逃回了家,

---

① 玛格达的昵称。

"

逃回了无法弥补的幸存之中,从那里,对我来说,没有路径通往我的被带刺铁丝网隔开的昔日时光。我当时知道这个吗?还是我忘记了?无论如何,此行的耻辱将伴随我很长时间……"
那时,茅格蒂成为你的妻子已有四年了;或许我记错了?

你没记错,我们于1996年4月举行了婚礼。

当时,这在布达佩斯引起了人们的极大兴趣。你已经不是一个完全不知名的作家,茅格蒂则是一家美国的办事处的领导……

她代表伊利诺伊州,在布达佩斯和芝加哥之间建立了贸易和文化关系。她在芝加哥待了三十四年,在制度转轨之后回"国",这是她人生的转折点,她充满了热情……

我记得,在玫瑰山顶上的某个地方,有一个美丽的花园……

是的,茅格蒂在那里租了房子,当时……

来了很多客人……仪式刚开始我就到了，一神论派的女牧师穿着黑色的斗篷。顺便说一句，许多人对此感到惊讶：为什么正巧是一神论派？

也许，并非所有人都能理解这个仪式的意义。两个人的结合依然使我们联想到上帝的名字。茅格蒂去了非常遥远的地方，又从非常遥远的地方回来，为的就是我们可以见面，她不能把这个归因于纯粹的偶然……至于我，不必成为信徒就能接受生命的奇迹……

你们为什么选择一神论派的仪式？

我提醒你注意一位牧师引用过的话：上帝没有宗教信仰。一神论派的教徒们通过牧师圣伊万尼·伊洛娜接纳了我们——一个天主教徒和一个犹太人。第二天，我们就出发去德国。我们开着租来的小汽车，一起度过了两个星期：这是我们的蜜月。《无命运的人生》德文版就是此时出版的。

你是高兴的……

是的，我也是很艰难才找到我与这无疑荒诞但仍令人惊讶的某种东西的口头关系……

但终究与文学有关——我们要敢于称之为成功。

好吧，我们要敢于……

2003年，汉堡社会研究所负责人、历史学家扬·菲利普·雷姆茨马邀请你在名为"纳粹德国国防军的罪行"的展览的重新开展仪式上致开幕词。你在致辞中直接谈到幸存者不愿意陷入回忆……我引用如下："我承认，在翻阅本次展览的目录时，我也想起了曾经经历过的那些艰难的日子。也许我忘了我自己也是这些恐怖场景的一部分和幸存者吗？我忘了枪声响起时黎明的露珠的味道吗？我忘了集中营里星期日晚上等待火葬的人还幻想着节日的糕点吗？假如我没有忘记，但当我将其变成文字之后，所有这些就像火一样熄灭了，并以某种方式安息在我的体内。我不想放弃这份平静……"后来，当你谈到展览的图片时，你还是不得不放弃:"Ecce homo①——这是人吗?有一天,他被召唤,离开妻子、孩子、年迈的父母。第二天,他就把妇女、儿童和老人射杀并弃尸沟渠,而且带着明显的享受。这怎么可能?显然,在仇恨的帮助下,他是怀着仇恨做到的,仇恨——和谎言一起——变成了我们这个时代的人的不可或缺的需求,也可以说,变成了我们这个时代的人的最重要的精神食粮……""我感觉仇恨是能量。"你接着说,"能量是盲目的,但其源泉和为创造力提供养料的活力是相同的。仇恨,假如组织得当,就可以创造现实,如同爱情也可以创造现实。"

这当然是乌托邦。但有时候我几乎是认真地在思考……

关于你的最新小说《清算》,你说,这是你对奥斯维辛的最后一瞥,因为远去的时间慢慢地关闭了你眼前的视线。实际上,你从未描绘过被上帝无

---

① Ecce homo,拉丁语,意思为"你们看这个人"。这是罗马帝国犹太行省总督彼拉多将戴荆冕的耶稣交给犹太人示众时说的话。

情遗弃的宇宙。另一方面,从未有如此多的自由席卷你的世界,可以这么说,自由就像春天的微风一样,在你写的每一行文字中都能嗅得到。

也许,两者密切相关。

以何种方式?

我们讨论过悖论:在独裁统治下很容易找到上帝;然而,在民主国家不再存在形而上学的借口,在那里人为争取自己的自由而斗争。

你是想说,人的超然、非世俗的生活纯粹是政治问题吗?

这个问题不是政治问题,但你在两种政治制度中以两种方式提出问题。在一个制度中作为唯一的可能性,在另一个制度中作为可能性之一。

你在谈到奥斯维辛时曾两次使用"神话"一词,而两次的含义各不相同……

第二次属于误用，我自己也觉察到了。

我们理解的"神话"主要是指某种错误的意识形态，不是吗？

我使用的是这个词的本义，在完全贬值的意义上。正如古代的希腊水手在一个岛上听到令人震惊的喊声一样："伟大的潘神死了！"

你显然听到了尼采的喊声："上帝死了！"

事实是，一切都必须从头开始。

这真的是《清算》的主题吗？

这是我所有作品的主题……

现在，三部曲已扩展为四部曲，你觉得你的作品写完了吗？

三部曲也好，四部曲也好，这对我来说没有任何意义。我只是写了我必须写的小说，它看起来总

> 是脆弱的,就像我自己的毅力,甚至像我的生存一样。用阿多诺的一句话来说就是:奥斯维辛之后,不能再写系列小说。

那么,"三部曲"——我指的是《无命运的人生》《惨败》《给未出生的孩子做安息祷告》——是如何变成如此寻常的概念的?

我对此没有异议,不管叫三部曲,还是叫四部曲——没有改变任何事情。事实是,在我这里,所有的事情都是相互关联的,但这些关联是有机地建立起来的,我自己并没想用某种预制的文学尺度来测量它们。它们是无意中出现的,以至于常常也让我感到惊讶。这些是罕见的清醒时刻,当我们突然意识到我们的每一行文字、我们写下的每一个句子都在某种连贯的力场中移动时,我们可以从中推断出潜伏于我们的存在深处的更坚硬的现实、我们的实际存在。这足以使我对三部曲不屑一顾。

顺便说一句,《清算》是你完全在制度转轨后写的第一本小说,甚至你也选择它作为主题……

我选择自由作为主题……

是的，但小说中的世界是典型的卡达尔执政晚期的时代；我感兴趣的是，你的素材是从哪里获得的？因为你完全过着隐居的生活，在知识界人们不了解你，你没有参加"民主反对派"，据我所知，在任何抗议信上都没有你的签名……

他们没有把抗议信给我，因为他们不认识我，我也不认识他们。

不然的话，你会签名的，是吗？

可能会。

出于同情？

出于懦弱——免得他们认为我懦弱。

这是好的……也许你不赞同他们？

嗯……比如，我根本就不赞同他们的实用主义。

然后——这已经是更为微妙的领域——整体上有某种……某种过于成熟的游戏性，可以说，某种潜在的犬儒主义，仿佛双方都遵循了所谓的"已知的游戏规则"。这个制度即"权势集团"在获得丰厚的利益的同时也展现出了自己的宽容，至少遵守了自由主义的最低限度。另一方面，极权政府随时都可能采取"强硬的手段"。在遭受酷刑的情况下，人可能会变卑鄙并成为当局丑陋的工具——在我眼中，这是不成比例的高昂代价，且不求回报。

假如我碰巧问你，你的政治信仰是什么，或者你究竟是否有这样的观点……

怎么可能没有呢。唯一的问题是，它的现实性已经消失了。比如，卡尔·特奥多尔·雅斯贝斯[1]的民主的保守主义，或者塞切尼·伊什特万[2]的自由的保守主义……

---

[1] 卡尔·特奥多尔·雅斯贝斯（Karl Theodor Jaspers，1883—1969），德国存在主义哲学家、神学家、精神病学家。

[2] 塞切尼·伊什特万（Széchenyi István，1791—1860），贵族、政治家、作家。19世纪上半叶匈牙利自由主义改革运动的发起者和最重要的人物，匈牙利科学院的创始人。他被誉为"最伟大的匈牙利人"。

你真的有可能同情保守思想吗？

为什么不呢？假如有上帝，我也将是上帝的信徒。甚至，假如匈牙利有真正的保守党——它可能是比上帝的存在更大的奇迹——我将会成为它的真诚的支持者。

你肯定吗？

不。但是，我敢肯定，在我们这里，完全正常的政治生活的先决条件只是一直存在而已。

你在想什么？

我在想，最终应该克服制度转轨带来的创伤。应该接受自由，甚至应该为之高兴。

这可能不那么简单。当你看到一顶海关帽时，新的公民意识立即在你的体内坍塌……

你在谈我的短篇小说《笔录》。

是的；在这里，我想到几个非文学的问题，我实在憋不住才想问一下。比如，你是否想过……不，我必须从更早的时候开始谈起。你在"对世界的信任"的帮助下从纳粹集中营里幸存了下来；你在令人恐惧的噩梦中度过了斯大林时代；在卡达尔执政的几十年里——有《船夫日记》做证——你也见识了最严重的抑郁症。你曾经是否想过苏联的占领将可能结束，你将重获全部的个人自由？

对此，你无须做这么深的呼吸。我认为，假如直到现在为止，即使不明确，但假如根本就没有发现我每天都在想这件事，那么我们的谈话就没有任何价值。

按这句话的字面意思理解吗？

这么说吧，在皮下，大约在"意识阈之下"，至少没有间断……好像某种东西经常性地在刺痛我。

这么说，你对这个转折并不感到惊讶？

假如你得出的是这个结论，那说明我没有回答好，至少我的回答不准确。我是那样生活的，好像那个制度在任何一天都可能结束——顺便说一句，我对此是确信的，因为生活只是过渡性地容忍对自己的否定——我只是不能确信，我自己也能亲历这一切……当时，有一句我喜爱的卡夫卡的语录："有很多希望，但不是为我们准备的……"

你没有找到比这更鼓舞人心的吗？

这非常符合日常的修行。

你能否告诉我，作为布达佩斯的居民，事实上你是怎样亲历你的第二次解放的？

有点儿像在布痕瓦尔德的第一次解放。解放几乎总是相似的。有一定的预兆，然后突然听到战斗的噪音，然后在片刻的寂静之后，有人大喊：我们自由了！

你感到惊讶吗？或者你感到惊奇吗？或者……

又高兴，又不敢置信。一个庞大的帝国无声无息

"地崩溃了,就像一棵中间被虫子咬空了的巨大的橡树一样。嗯,是的……与此同时,生存的问题开始出现了,起初没有人考虑到这些问题,我也没有考虑到。

尽管你似乎拥有无穷无尽的独裁统治时期的体验,你也没有考虑到?

没有,承认这一点我也不感到羞耻。我属于幼稚的轻信者之列,在制度转轨时都想象着随着异常的生活条件的结束,所有的事和所有的人都会一下子变得正常起来。结果,我从一种惊愕陷入另一种惊愕:谎言、仇恨、种族主义、蠢事在我的周围爆发,就像一个成熟了四十年的疖子,终于被外科医生的手术刀切开了。

我们已经提到了《笔录》。实际上,你靠这个短篇小说进入了……怎么说呢?你进入了公共生活的斗争舞台,从一个抽象的小说家一下子变成了一个著名的公众人物。我想,你并不是带着这个目的来写这个故事的……

一点目的都没有。我只是想摆脱那个经历带给我的耻辱。

无论如何,《笔录》就像一枚炸弹一样爆炸了。在1991年发表的当年,科尔尼什·米哈伊在考托瑙·约瑟夫剧院的文学舞台上以独角戏的形式表演了这个故事,艾斯特哈兹·彼得[①]为此写了姐妹篇短篇小说。这两个故事结成一个薄薄的集子,很快出版了匈牙利语版和德语版,双语录音带即所谓的有声读物也进入了市场。可能你原本打算将其写成灾难故事,但后来却变成了成功故事。

是的,这样一来,人们就完全误解了。另外,从政治角度讲,它和以前一样,作为道德立场发挥影响。

这不是你的意图吗?

假如你是那个时候提出这个问题,那么我的回答

[①] 艾斯特哈兹·彼得(Esterházy Péter,1950—2016),匈牙利著名作家。

"

将有别于今天的回答。

现在,我对你今天的回答感兴趣。

假如我把这篇小说从现实世界拿回来,把它插入我的作品之中,那么我今天应该把这个短篇小说称为我恢复意识的起点以及对新形势的首次审视的结果。

第一次让你感到震惊……

你也可以这么说。

尽管如此,《笔录》给我的印象更多的是一种自我审查,而不是批判社会的小说。好像你提出了一个这样的问题,即独裁政权的幸存者是否还有足够的力量去接受自由。

棘手的问题,很大的话题……

但从本质上讲,《英国旗》的叙述者也向自己提出了同样的问题,真的,为时已晚——他已经毁了自己的生活。甚至，当他把自己的失败与自己国家的失败联系起来时，他的声音中隐藏着某种变态的幸灾乐祸。

有趣的解读……

错了吗？

恰恰相反，非常有同感。

十多年之后，当《清算》出版时，人们发现，书中的人物也都在为同一问题而苦恼。

也许这是时代的大问题。人们现在正在偷偷地往深渊里看——可危险并不在他们的前面，而在他们的身后。这个深渊就是他们的生活。

这是一个很形象的隐喻。人为自由而战，但当他获得自由，或者有人把自由赠予他的时候，他会突然跌入真空之中。你有没有萌生一个问题：现在，该如何继续下去？

"

怎么会没有萌生这个问题呢？我几乎在与"乡愁"的痛苦作斗争，因为我不可能知道，压力——我不得不在压力下生活和写作——对于我的作品有多大的用处。在健康的环境下，像《无命运的人生》或者《惨败》这样的书也许不可能产生。假如我真的想使用残酷的措辞，我想说，在独裁统治下"你可以享受"疯人院的自由，但在民主体制下有共识存在，真正的作家的责任可能会把容易爆发的想象力限制在条条框框之中。

比如，尽管卡夫卡或者贝克特[1]并未受到自由的干扰……

这是真的，人在任何地方都能找到自己的监狱。但是，在你动摇的情形下，知道你的艺术从什么样的根源获得滋养，这是没有坏处的。

这不是你的书《另一个人》探讨的真正问题吗？你写道："对我来说，只有致命的环境才隐藏着力

---

[1] 萨缪尔·贝克特（Samuel Beckett，1906—1989），爱尔兰作家，创作领域主要有戏剧、小说和诗歌，他是荒诞派戏剧的重要代表人物，1969 年获诺贝尔文学奖。

量源泉。这是真的吗？这个我无法知道，因为在同样致命的环境中，这个力量源泉始终服务于对这些致命的环境进行描写。"同时，《另一个人》之所以也是一部具有更广阔视野的关于自由的小说，是因为你现在正踏上第一次西欧之旅："茅格蒂和我开着汽车，充满胜利豪情的《华尔斯坦奏鸣曲》响了起来。"你在一个美丽的7月的夜晚写道。

是的，我们开着租来的汽车快乐地奔跑在欧洲道路上……

而且，就像一个隐藏的主题，有一个想法如同一个悬而未决的问题突然再次出现："在沙莫尼山谷吃下午茶。傍晚来临，空气锐利而芬芳。在无人居住的森林、山谷和山脊之间……我们在一张石桌上吃前一天吃剩的布里奶酪、饼干，喝当地的桃红葡萄酒。我感到身上冷，茅格蒂把她的毛衣递给我，她自己喜欢凉爽，她的脸上泛着光芒。我们边吃边想，前面的路还有多远，我们在哪里过夜。天色越来越暗，颜色越来越深，而山顶上的树木仍然沐浴在阳光里。我没有多想，但我认为我是幸福的。通过这样一次旅行，在勃朗峰脚下，我感觉我四十年的封闭和囚禁结束了，这一点绝对不会受到质疑。当抵达另一种生存方式的门槛时，我才明白分界线是如此之明显，两种生存方式——我和我之间——的鸿沟是如此之深，以至于只有用最大的努力才能弥合。我仿佛正站在毁灭性的森林大火的边沿，必须估计损失和收益；评估我到目前为止创造了什么，以及接下来在哪里寻找创造力的源泉……"

是的，是的。美丽的夜晚，精心挑选出来的烦恼……

什么叫精心挑选？

嗯，比方说，我们不必绞尽脑汁地思考如何把晚餐的钱付掉。

那样的事情也发生过，那个时候你也有精心挑选的烦恼。

这是真的。

引人注目的是,《英国旗》和《笔录》都是写于1991年。1990年《给未出生的孩子做安息祷告》出版,1992年《船夫日记》出版……你笔耕不辍。有段时间,你甚至是一家名为《东西》的文学杂志的编辑委员会成员。后来——20世纪90年代后期——你的名字突然就从杂志上消失了。我曾经期待你就离开的原因做出某种解释……

我也是。比如,刊登我的离职信,应该放在比较显眼的地方……或者他们告诉读者他们摆脱我是多么高兴,等等。我们继续往下谈。

朝哪个方向?我觉得我们卡住了。至少欣喜若狂结束了。我往回翻,在一个地方——用你的话说——你的意识开始恢复,你首次审视新的形势,你的目光很快就会黯淡起来,假如允许我继续说出你的隐喻。你发表文章、日志,涉及政策变形、新的反犹主义、历史健忘症等类似的内容;然后你在1997年出版了《另一个人》这本书,引起批评界的普遍不满……

他们把我逐出民族,就像把制造麻烦的惯犯赶出偏僻的寄宿学校一样……

但是，你是如何激怒那时对你可以说是友好的新闻界的？

我想不起来了……你高估了所谓的批评的重要性。作品——真正的作品——过着独立的生活。

有可能。但我不满足于这种智慧……而国内对你的理论著作、随笔和演讲反应冷淡，几乎一概拒绝。

可它们仍然存在……实际上，只是旧游戏在继续而已：在卡达尔体制的有机延伸中，我在这里变得不合时宜，不和谐的声音、约定俗成的自欺顽固地维持着自己的习俗。

你在这里说的"约定俗成的自欺"到底是什么意思？

沉默。过去的连续性因此被打断。1989年的转折并非来自卡达尔体制的内部，而是来自"外部",来自遥远的某个地方,那个地方才是真正的历史发生的地方。与以前的很多次一样,我们又一次不得不适应新的形势,这次更紧急,我们来不及回望我们来自何方。人们本以为,可以很快地把卡达尔体制的污垢从他们的鞋上刮下来。但这不可能,各种各样的挫败感源于短暂的记忆。民族主义恐惧和自我仇恨只是其中之一,失去方向或者对卡达尔体制的怀旧是其中之二。相比之下,不管是弥漫着雪茄烟雾的伪奥林匹斯山上的过气的文学元老,还是大学院系里说着晦涩难懂的文学术语的新的顺从者,他们都不喜欢我的随笔……这没有什么大不了。他们对我这个人就更不喜欢了。我从未乞求过匈牙利知识分子的慰藉,因此我也被排除在外……

作为不愉快的陌生人?

无论如何也是陌生人。因为你看,问题不在于我招不招人喜欢,而在于怀着内心矛盾搞艺术的人能以创造性的方式利用其所处的环境多久……这能励志多久?聋人对话中出现的挫败感从哪里开始?可以说,这种挫败感已经对健康构成伤害。

"

它甚至会扭曲你的判断力,可能还会干扰你的在焦虑中形成的价值观?在你脆弱的时刻,偶尔会不会被怀疑和不确定性包围?

谁不会偶尔被怀疑光顾呢?应该这么理解,我总是怀疑我写的每一个句子,但我从不怀疑我必须写下我正在写的东西。你相信我对我的毕生作品没有足够的了解吗?但情况可能就是如此。在写完一部书之后,我会有一点儿罪恶感和厌恶感,之后我就已经不知道我写了什么了。我从未考虑过我的作品的意义,我对此一无所知。"世界的冷漠"极大地影响了我。我不认为在我们这个后现代的、混乱的、充满恐怖和暗杀的世界上任何事情都有特别的甚至某种突出的重要性。看起来不仅是人的诞生,社会的诞生也不是为了幸福,而是为了搏斗。社会设定的目标总是幸福,但这始终只是诱惑人的图景而已。一直不知道个人的生活如何与我们知之甚少的社会的目标相结合。一直不知道是什么在操纵着我们,而且在生命自动得到维持之外,我们——究竟——为什么活着。的确,一直没有搞明白,我们是否存在,或者我们只是在我们身体里工作的细胞的化身——符号，其表现——不得不如此表现——就像自治的现实一样。对于不重要的我而言，某种不重要的事情依旧重要：我们与文学的关系大致如此。

现在，你在柏林待的时间很长。是什么把你带到这里来的？

疾病。抑郁症。健康。生活的乐趣。

这四种东西同时存在吗？

听起来很奇怪。

让我们从疾病开始吧⋯⋯

我不想详细介绍身体方面的情况，伴有幽闭恐惧症的抑郁症更为严重，它仿佛把沉重的铅压在了我的手上，它把我的灵魂锁在了枷锁里（假如允许我在这里把脊柱劳损、不间断疼痛且麻痹的四肢比喻成灵魂的话）。也许已经有一年了，我碰都不能碰正在创作的小说。简而言之，用佩斯的人的话说就是：我崩溃了。

"

这是什么时候发生的事情？

2000年的秋天。当时，茅格蒂是这样说服我的：我们可以想办法在柏林租一个小的"工作住房"。她就像一个准确无误的诊断医生，唯一的仪器就是爱。她意识到，在国外也许我能建立内在的自由，这是写作工作的先决条件。她没说错，事实证明这是一个解决方案，尽管我们不得不承担这么做的风险（比如，我们是否能够定期支付租金）。后来，我获得了柏林高等研究院一个学期的奖学金，奖学金结束后，可以说，我们就直接留了下来。作为世界公民，我们往返于布达佩斯、柏林甚至芝加哥之间。在柏林，《清算》再次复活，徜徉在选帝侯大街及沿街小巷，在我的想象中出现了相互交错的折线，在消失了的连接处依然有可拆除的线，就像外翻的外套上的缝线一样——这是一部可能写成的小说的脆弱架构。不，你别生气，你现在别插嘴，我害怕你又提起国内的反应或者类似的事情，我已经与之斗争过了，对其淡然置之，因此对它不会再感兴趣。有时，你知道，比方说在这里，在懒懒的秋日阳光下，长时间坐在蒙迪艾尔酒店或凯宾斯基咖啡厅的露台上，在这个大都市的傍晚时分，悠闲地看着枝叶繁茂的法国梧桐树下的车辆和行人，我时不时地就会发呆出神，对我人生中经历的冒险感到一丝惊讶。

看样子，"你很好地利用了自己的痛苦"——劳伦斯·斯特恩这位节俭的英国人会这么说。

我宁愿谈论快乐，而不是痛苦。这个世界上最大的快乐依然是写作、语言，奥迪、鲍比契①、克鲁迪、索莫里以及许多匈牙利优秀诗人和作家的优美的语言。

你成了著名的甚至世界闻名的作家。第一位获得诺贝尔文学奖的匈牙利作家。人们在注视着你，在你的作品中期待并寻找救赎之道、完美和美；荣耀的光环包围着……

你是什么意思？

---

① 鲍比契·米哈伊（Babits Mihály，1883—1941），匈牙利诗人、作家、翻译家。

没什么特别的意思,我只想引用《惨败》中"老人"的话语:"我不知道救赎为何物;我对完美不感兴趣,对美也不感兴趣,我不知道美为何物。我认为,荣耀的想法是老年的自体感染,永生的想法简直可笑。"你在这里看不到某种矛盾吗?

怎么能看不到呢。所到之处,我都能看到矛盾。不过我喜欢矛盾。(完)

Original Title: K. dosszié (Dossier K. Eine Ermittlung)
Author: Imre Kertész
Copyright © 2006 Rowohlt Verlag GmbH, Reinbek bei Hamburg
Chinese language edition arranged through HERCULES Business & Culture GmbH, Germany.

本书中文简体版权归属于银杏树下（北京）图书有限责任公司
著作权合同登记号　图字：22-2023-136

图书在版编目（CIP）数据

K君的档案 /(匈) 凯尔泰斯·伊姆雷著；杨永前译 . —— 贵阳：贵州人民出版社，2025.4
ISBN 978-7-221-18124-4

Ⅰ.①K… Ⅱ.①凯…②杨… Ⅲ.①凯尔泰斯·伊姆雷—自传 Ⅳ.①K835.155.6

中国国家版本馆CIP数据核字(2024)第012772号

K JUN DE DANG'AN
K君的档案

［匈］凯尔泰斯·伊姆雷（Kertész Imre）　著
杨永前　译

出 版 人：朱文迅	选题策划：后浪出版公司
出版统筹：吴兴元	编辑统筹：朱 岳　梅天明
策划编辑：王潇潇	特约编辑：范纲桓
责任编辑：刘 妮	装帧设计：墨白空间·黄海
责任印制：常会杰	

出版发行：贵州出版集团　贵州人民出版社
地　　址：贵阳市观山湖区会展东路SOHO办公区A座
印　　刷：天津中印联印务有限公司
经　　销：全国新华书店
版　　次：2025年4月第1版
印　　次：2025年4月第1次印刷
开　　本：889毫米×1194毫米　1/32
印　　张：8
字　　数：125千字
书　　号：ISBN 978-7-221-18124-4
定　　价：45.00元

后浪出版咨询(北京)有限责任公司　版权所有，侵权必究
投诉信箱：editor@hinabook.com　fawu@hinabook.com
未经许可，不得以任何方式复制或者抄袭本书部分或全部内容
本书若有印、装质量问题，请与本公司联系调换，电话：010-64072833